LE
JARDINIER
François

LE
IARDINIER
FRANÇOIS,

QVI ENSEIGNE A CVLTIVER
les Arbres, & Herbes Potageres;
Auec la maniere de conseruer
les Fruicts, & faire toutes sortes
de Confitures, Conserues, &
Massepans.

DEDIE' AVX DAMES.

A PARIS,
Chez PIERRE DES-HAYES, ruë
de la Harpe, aux Gands Couronnez,
prés la Roze Rouge.

M. DC. LI.
Auec Priuilege du Roy.

EPISTRE AVX DAMES.

ESDAMES,

Ie n'ay pas dessein de faire
icy vn Panegyrique, de la

beauté, vtilité, & necessité
des Iardins, ils parlent assez
d'eux-mesme pour se faire
estimer : joint aussi que beaucoup de braues Hommes, tant
Anciens, que de nostre temps,
se sont pleus à en descrire les
excellences, & ont employé
les plus belles heures de leurs
loisirs, pour en exalter les
beautez, tant en Vers, qu'en
Prose : mais la pluspart se
sont seruis du sujet plustost
pour faire paroistre la force
de leur Genie, que pour donner quelque instruction ; Et
je crois qu'ils n'y auoient au-

AVX DAMES.

cune connoissance, veu qu'ils n'ont fait qu'effleurer une matiere si importante ; car apres auoir leu leurs Oeuures, l'on admire plustost le bel ajancement en leurs Poësies, que l'on ne tire instruction de ce qu'ils ont escrit: reserué Monsieur de la Serre, qui a composé le Theatre d'Agriculture en Prose, auec vn tel ordre, que l'on le lit & relit sans aucun dégoust : mais comme il a traitté generalement de tout le mesnage de la Campagne, il n'a peu particulariser ce qui est necessaire

EPISTRE

pour le Iardinage, qui est le seul sujet que je pretens vous faire voir en ce Liure. Il porte pour tiltre LE IARDINIER FRANÇOIS, *à cause que tous ceux qui en ont traitté n'ont parlé que de leur Climat; par exemple, Monsieur de la Serre, a composé son œuure en Languedoc, qui est un Païs bien different de celuy de Paris & de ses enuirons, pour lequel j'ay dessein descrire, comme ayant fait experience en ce Climat de tout ce que je diray: je le dedie* AVX DAMES, *mais parti-*

aux Dames culierement aux Mesnageres, d'autant que chacune à son goust tout particulier; les vnes se plaisent aux charmans accords de la Musique; les autres en la lecture des Romans & belles pieces en Prose, n'en laissant eschaper aucune qu'elles ne leur donne rang sur la Tablette; les autres à la Comedie, & aux doux accens des Vers; les autres affectionnent les Tableaux des bons Maistres; les autres font Cabinet de toutes sortes de Curiositez; les autres ayment

EPISTRE

parfaitement les bonnes odeurs & font fournies de quantité d'Essences, & Poudres precieuses; ainsi diuersement chacune suit son inclination, toutes loüables en leurs curiositez; mais comme elles ne les recherchent que pour satisfaire les Sens, celles que j'ay nommées n'en regardent toutes qu'un seul ; le Iardin à cette prerogatiue par dessus les autres, qu'il donne dequoy les satisfaire tous cinq ; L'Odorat y trouue son contentement dans la quantité des Fleurs, & des

AVX DAMES.

Fruicts qui portent odeur ; la Veuë se réjouït en la diuersité des Couleurs qui s'y rencontrent, si viues que tous les plus excellens Peintres demeurent court en imitant leurs beautez, & les couleurs les plus fines, sont ternies par leur esclat; pour le Goust, il suffit de dire, que les plus Frians & Delicats apres s'estre plus que suffisãment gorgez de plusieurs sortes de bons Mets, n'estiment pas auoir fait bonne chere, s'ils ne finissent leurs Festins par les Fruicts; qui sans estre assai-

EPISTRE
sonnez que de la Nature, se trouuent neantmoins si excellens, chacun en son espece, qu'il faut auoüer que les Fruicts seuls, emportent le prix en la satisfaction du Goust; l'Ouïe qui semble en estre excluse, me fait dire pourtant qu'il n'y a point de contentement qui esgale celuy d'entendre loüer la beauté de vostre Iardin, & particulierement la grosseur & diuersité de vos Fruicts; le Tact y trouue aussi son plaisir en les maniant & pelant; aucuns desquels ont la peau

AVX DAMES.

si delicate, qu'elle a besoin d'vne main subtile, & legere, pour la leuer auec plus de propreté ; Outre ces contentemens, j'y en remarque encor trois tres-auantageux; le Premier & le plus loüable est celuy des presens que vous en faites à personnes de toutes sortes de conditions, dont vous estes amplement remerciées & loüées dans vostre curiosité ; le Second que vostre Maison en est fournie; & le Troisiéme qui vous fera aymer vostre mesnagement, c'est que vous pourrez

EPISTRE
vendre la leuée des Fruicts d'vne quantité de vos Arbres, à des Fruictiers qui vous payeront argent comptant & par aduance, surquoy vous fonderez vne partie de vostre reuenu. Ie connois des Dames de grande condition qui en vsent de la sorte; & auoüent que ce profit leur fait affectionner d'auantage leur Iardin, & les rend plus liberalles aux despenses necessaires qu'il y conuient faire. C'est-pourquoy (MES DAMES) j'espere que vous me sçaurez gré, de

AVX DAMES.

vous auoir dreßé cette instruction, je l'ay fait Imprimer en petit Volume, afin que vous le puißiez porter sans incommodité, pour confronter le trauail de vos Iardiniers auec ce petit Liure, & juger de leur capacité ou negligence : I'ay mis à la fin du Traitté des Fruicts vn Catalogue tres-ample de tous leurs noms ; quand il ne vous seruiroit que pour vous en entretenir dans les Compagnies, encor en retirerez-vous quelque agreable satisfaction. Et pour comble

EPISTRE
du seruice que je desire vous rendre, je conclus par la maniere de conseruer vos Fruicts, tant en leur Naturel, que Sechez; & par vne grande facilité de faire toutes sortes de Confitures, Pastes, Gelées, Conserues, & Massepans, sans s'embarasser beaucoup. Vous suppliant d'excuser mes defauts par tout où vous les rencontrerez, & de ne me pas condamner, qu'apres que vous aurez experimenté le contraire de ce que j'escris, par les espreuues que vous en ferez;

AVX DAMES.
Faites moy aussi la grace de croire, que je ne me serois hazardé de mettre ce petit Oeuure en lumiere, si je n'auois fait les experiences de tout ce qui y est compris. Agreez, s'il vous plaist, ce petit trauail qui vous est offert auec tant de soûmission, Par

MESDAMES,

Vostre tres-obeïssant seruiteur,
R.D.C.D.W.B.D.N.

A Paris, le 1.
Iuillet 1651.

PREFACE
AV LECTEVR.

ENTREZ dans ce IARDIN qui que vous soyez, CHER LECTEVR, j'ose bien me promettre que vous y trouuerez vostre satisfaction; si vous estes sçauant au Iardinage; vous verrez la belle disposition qui est dans toute son enceinte, tant en nos Arbres, qu'en nos Herbages; m'asseurant que vous aurez assez de courtoisie pour approuuer nostre petit Labeur, il n'est pas dressé pour vous instruire, car je suppose que vous en sçauez beaucoup plus que moy, & m'estimerois tres-heureux (si j'auois l'honneur de vostre connoissance) que vous me voulussiez souffrir aupres de vous pour en tirer

PREFACE

des Leçons : ce n'eſt que pour ceux qui n'y ont aucune connoiſſance, ou bien petite que j'ay voulu eſcrire; particulierement pour inſtruire tant de Pauures Gens qui trouueroient leurs journées, s'ils ſçauoient vn peu ſe deſmeſler du Iardin ; je me ſuis rendu le plus intelligible qu'il m'a eſté poſſible dans les Termes les plus communs de noſtre Langue ; ſi j'ay vſé ſouuent de redites, c'eſt afin qu'ils compriſſent auec plus de facilité ce que je deſire qu'ils ſçachent, & ce qui leur eſt extremement neceſſaire; ils le pourront apprendre dans les deux premiers Traictez : Car pour le Troiſiéme ce n'eſt pas pour le dehors, il n'eſt que pour le dedans du Logis; les Sommeliers des grandes Maiſons auouëront qu'il ne leur eſt pas entierement in-vtil pour (dans l'embarras qu'ils ont quelque fois) ſe reſſouuenir de pluſieurs gentilleſſes que le changement des Saiſons leur pourroit auoir fait oublier à cauſe du

AV LECTEVR.

long-temps qu'il y peut auoir, qu'ils ne les ont prattiquées : Les Personnes de Qualité peuuent se diuertir en la lecture de nostre Liure ; & comme ils prennent plaisir à leurs Iardins, s'en entretenir auec leurs Iardiniers, & leur commander fort à propos ce qu'ils desirent qu'ils executent : Les Bourgeois qui ont des Maisons de Plaisir proche de Paris, & qui ne veulent faire la despense d'entretenir vn Iardinier, peuuent donner vn de ces Liures à leurs Vignerons, qui causera que ces sortes de Gens (quoy que grossiers) ne laisseront pas de se façonner ; ce qui fera qu'ils en seront mieux seruis, & leur Iardin mieux entrenu ; Bref je ne vois personne qui puisse refuser la promenade de nostre Iardin, & à qui elle ne soit necessaire pour son contentement & pour l'Oeconomie de ses prouisions ; Il y admirera la bonté de l'Auteur de la Nature qui a voulu obliger l'Homme (quoy qu'ingrat) à reconnoistre

PREFACE AV LECTEVR.
la multitude de ses bien-faits, en l'innombrable diuersité des Arbres, & Plantes, qui contentent la veuë par leur beauté, & satisfont à l'entretien de la vie non seulement pour la necessité, mais encor jusques à l'excés; Ie le prie qu'il vous donne les Saisons propres à embellir vostre Iardin, & fauorise toutes vos entreprises.

LE
IARDINIER
FRANÇOIS.

PREMIER TRAICTE'.

Du Lieu, de la Terre, & fonds du Iardin; & le moyen de mettre en valeur la meschante Terre.

SECTION PREMIERE.

TOVs ceux qui ont écrit du mesnage de la Campagne, ont apporté des subjectiōs si grandes en la disposition des Bastimens, & des autres parties du domaine, qu'il est du tout imposfible, de pouuoir dreſſer vn Lieu comme ils le ſouhaittent; d'autant que les ſituations ne s'accordent pas toutes à leur deſſein. C'eſt pourquoy je ne vous veux aſſujettir à aucune; vous vous ſeruirez pour Iardin, des lieux comme vous les trouuerez s'ils ſont déſ-ja faits; ou bien (auec bon conſeil) vous en dreſſerez vn nouueau, au lieu qui conuiendra le mieux à voſtre Baſtiment.

Quant à la Terre, ſi vous la rencontrez bonne, ce vous ſera vn grand aduantage, & vne grande eſpargne; mais rarement en trouuerez vous, où il n'y ait beaucoup à trauailler : Car telle Terre ſera bonne au deſſus, qui (eſtant ouuerte de la hauteur d'vn fer de Beſche ſeulement) ſe trouuera Argilleuſe deſſous, qui eſt vn fonds pire aux Arbres que le Tuf; parce que dans le Tuf, ils peuuent trouuer quelques petites veines, qui donnent paſſage aux Racines, pour chercher la fraiſcheur plus bas, & prendre quelque nourriture: Mais la Terre Argilleuse, ou Franche, (qui est vne Terre, auec laquelle les Boulangers de Paris, font les Atres de leurs Fours) est comme vn plancher, qui par sa dureté & densité, refuse toutes racines; & dans les grandes ardeurs de l'Esté, empesche que la fraischeur de dessous ne puisse penetrer à trauers; ce qui cause que les Arbres ou autres Plantes potageres, sont tellement desseichez, qu'au lieu d'aduancer en leur accroissement, ils ne font que languir & perissent en fin.

Pour remedier à ce defaut, il n'y a qu'vn seul moyen; qui est d'effondrer & rompre cette Terre, de trois à quatre pieds de profondeur, commençant par vne Trenchée, large de quatre à cinq pieds, de toute la longueur de ce que vous voulez faire effondrer, jettant les Terres toutes d'vn costé; & vostre Tránchée estant vuidée & curée de toute sa Terre jusqu'à la profondeur que desirerez; vous mettrez au fonds des longs Fumiers, du Marc de Preſſoir à Vin, ou à Cidre, de la Fougere, ſi vous en auez à commodité, qui eſt le meilleur de tous les Fumiers, des fueilles d'Arbres, juſques meſmes à des meſchantes aames de Fagot, de la Mouſſe, & autres choſes ſemblables, ce qui vous fera le plus commode, & à moindre frais; car toute l'intention n'eſt que pour tenir la Terre creuſe, & que la fraiſcheur de deſſoubs puiſſe reuigorer vos Arbres & Plantes durant les exceſſiues Chaleurs.

Vous en mettrez donc enuiron demy pied de haut, au fonds de voſtre Tranchée; apres vous en recommécerez vne ſeconde de pareille largeur, faiſant abbatre la Terre de deſſus (qui eſt la meilleure) ſur ces Fumiers, creuſant juſqu'à pareille profondeur que la precedente, & jettant toûjours ſur cette premiere Tranchée, la Terre de deſſoubs ſe trouuera deſſus; & continuërez à faire de ſemblables Tranchées, jufques à la fin de ce que vous voudrez faire effondrer.

Vous me pouriez objecter que cette Terre qui eft toute neuue fera infertile ? l'aduouë auec vous que la premiere Année elle ne fera pas paroiftre fa bonté; mais quand par les Pluyes & Gelées d'vn Hyuer, elle aura efté meurie, (auec le peu d'amendement que l'on y mettra) elle produira bien plus abondamment que ne faifoit celle de deffus, qui eftant vfée par le long-temps qu'il y a qu'elle porte a perdu vne grande partie de fa vertu.

Toutes fortes de temps ne font pas propres à ce trauail; car durant les grandes Chaleurs, cette Terre eft tellement dure & fcellée, que les Pics, & Pioches, n'y peuuent du tout entrer; l'Hyuer y eft plus propre qu'aucune autre faifon, d'autant que les Pluïes d'Automne ayant humecté la Terre, la rendront facile à eftre befchée; & auffi qu'en ce temps-là, il Pleut, Neige, & Gele affez fouuent; ce qui ayde beaucoup à ce trauail, joint auſſi que les Payſans n'eſtans pas alors fort occupez, ſe donnent à meilleur marché qu'és autres temps, quand l'on trauaille aux Vignes, ou durant l'Aouſt; auſquels temps, l'on ne les peut auoir pour de l'argent.

Pour ce qui eſt du fonds où ſe rencontre le Tuf; vous le meſnagerez comme nous auons dit cy-deuant, en le faiſant rompre, & les Pierres eſtant ſur le gueret s'emporteront hors du Iardin.

Si le Tuf n'eſt gueres eſpois, & qu'eſtant rompu vous trouuiez du ſablon ou autre petit Tuf mouuant; il ſuffira, ne profondez pas dauantage; car les Arbres ne laiſſeront pas de jetter des racines amplement dans ce petit Tuf, à cauſe des eſgoutures du Fumier qui ſera deſſus.

Vous obſeruerez qu'au fonds de voſtre Tranchée d'où l'on aura tiré ce Tuf, vous ne mettrez que de bon Fumier demy conſommé; à cauſe que l'eauë des Pluyes, ou des arrousemens, passeroit à trauers en peu de temps, si c'estoit des marcs de Pressoir, Fougere, ou autres que j'ay nommez cy-dessus.

J'apprehende que vous ne me disiez que c'est vne grande despence ? je l'aduouë encor auec vous, mais aussi c'est vne fois pour jamais; & le profit que l'on tire d'vn tel trauail, recompense au centuple les frais que vous y aurez faits : à cause que vos Arbres en seront plus beaux, n'estans ny Moussus, ny Galleux, & qu'ils en portent des Fruicts plus gros sans comparaison, que ceux qui sont plantez en vne Terre qui n'est pas effondrée. Les Artichaux, Choux, Poirées, & autres legumes y viennent monstrueusement gros : Bref vous serez si satisfait, voyant la difference de ce que produisoit vostre Iardin auant qu'il fust effondré, à ce qu'il produira après; que vous n'aurez aucun regret à vostre despense.

A iiij

Si vous voulez pourtant eſtre plus retenu ; je vous enſeigneray vn autre moyen d'amender voſtre Iardin, auec moins de frais : mais auſſi comme la deſpenſe ſera moindre, ce qu'il produira n'en viendra pas ſi beau. I'en traitteray cy-apres au plantage des Eſpaliers, & au Potager.

Il y a beaucoup de Curieux qui ſe mettent en plus grande deſpenſe, car ils font paſſer la Terre par vne Claye, ce qui ſe fait en poſant la Claye ou Crible ſur le bord de la Tranchée, & jettant des paeſlées de Terre ſur le haut du Crible ; la Terre paſſe, & les Pierres roullent au pied du Crible, puis l'on les emporte hors du Iardin.

La forme du Crible, eſt vn Chaſſis de menuiſerie de trois poulces d'eſpois, de ſix pieds de haut, & de cinq de large, lequel aura deux trauerſes dans ſa hauteur, de la meſme groſſeur du Chaſſis ; & toutes les quatre pieces trauerſantes, ſeront percées eſgalement de la groſſeur d'vne baguette, desquelles les Chandeliers se seruent pour façonner leur Chandelle; distans l'vn de l'autre de la grosseur du doigt; dans lesquelles vous mettrez des baguettes de Couldre s'il se peut, car c'est vn bois ferme & dur quand il est sec, & qui dure plus long-temps sans se rompre qu'aucun autre : Il faut que le haut & le bas de vostre Chassis soit percé à jour, afin que quand il y aura des baguettes rompuës, vous en puissiez remettre d'autres, les arrestant auec de petits coings par les bouts.

Des Espaliers, Contr'espaliers, & Buissons.

SECTION II.

LEs Espaliers, estans le principal ornement des Iardins, il est raisonnable de leur donner le premier lieu, & en traitter amplement, ce sera aussi le sujet où je m'arresteray le plus.

Par L'Espalier nous entendons les Arbres dont les murs des Iardins sont parez: Pour les mettre en estat; il faut faire vne belle Tranchée, comme j'ay dit cy-deuant; si le dessous est d'Argille, vous vous gouuernerez comme à l'Argille, si de Tuf, comme au Tuf: vous laisserez vn pied de Terre sans rompre proche du Mur, de crainte de l'endommager; puis ayant mis vn lict de Fumier de demy pied de haut au fonds de vostre Tranchée, ferez jetter dessus ce Fumier la hauteur d'vn pied de la meilleure Terre, qu'aurez tirée de vostre Tranchée. Cela fait, vous marquerez les places où vous desirez planter vos Arbres, qui seront à vne distance raisonnable; celle de douze pieds me semble la plus conuenable, toutefois à vostre discretion, je ne vous donneray point la Loy, chacun ayant son opinion particuliere : mais mon raisonnement est, que s'ils sont plus

prés, ils se nuiront dans peu d'années;
si plus loin, & qu'il vienne à mourir
vn Arbre, ou qu'il en fallust greffer
vn autre dont le Fruict ne vous
plairoit pas, vous seriez ennuyé de
voir si long-temps vostre Muraille
descouuerte à cét endroit-là.

Ayant marqué la place de vos Arbres, suiuant la mesure de douze pieds, vous ferez remplir l'endroit où vous les planterez (trois pieds de chaque costé de vostre marque) de la meilleure Terre, que vous meslerez auec du petit Fumier de vieille couche de Melons, ou autre qui aura seruy à esleuer les herbages de vostre Iardin; & il vous restera vn espace de six pieds, où (apres auoir jetté dessus le Fumier qui sera au fonds, vn pied ou plus de bonne Terre, comme j'ay dit cy-deuant) vous ferez mettre par dessus vn second lict de Fumier de Vache, Porc, ou Moutons, bien consommé, & bien gras; puis apres vous jetterez dessus le tout, le reste de la Terre qu'aurez tirée, & dresserez voſtre Gueret le rendant bien vny.

Vous ferez faire des trous pour vos Arbres aux endroits qu'aurez marqué, & les planterez bien proprement, faiſant vne petite butte dans le milieu du trou, afin qu'ayant poſé voſtre Arbre deſſus, vous puiſſiez eſtendre les racines autour de cette petite butte, les tirant en enbas ; puis le trou eſtant remply & la Terre dreſſée, vous la marcherez auec le pied tout autour de l'Arbre pour l'aſſeurer, & empecher qu'elle ne ſe trouue creuſe en quelque endroit : vous pourrez (ſi vous voulez) auant que de planter, abbatre la Terre juſqu'au Mur à l'endroit des Arbres, enuiron deux pieds de long & non d'auantage, ſans craindre d'endommager voſtre Mur.

Vous planterez vos Arbres, à vn pied prés du Mur, vn peu en penchant les branches contre le Mur, afin de leur donner la grace en leur accroiſſement, & qu'ils ne ſe jettent en dehors ; cela fera aussi, que les racines seront plus dans le milieu de vostre Tranchée, pour y chercher aisément leur nourriture.

Prenez bien garde, à ne mettre autre Fumier prés la racine de vos Arbres, que de ce menu de vieille Couche, encore faudra-il le mesler auec beaucoup de bonne Terre, car l'Esté brusleroit tout, d'autant que le grand Fumier tient la Terre creuse ; si je vous en fais mettre dedans les espaces, c'est que vos Arbres ayans pris Terre, & allans la deux ou troisiesme année chercher la bonté de ce Fumier, qui sera consommé; ils pousseront de plus beau bois, & produiront de tres-gros & tres-beaux Fruicts.

Quant au Bois qui est necessaire pour dresser vos Espaliers, je vous veux enseigner plusieurs façons de l'accommoder selon l'aage de vos Arbres.

La premiere, ce sera de ficher de petits pieux en Terre, à demy pied prés de voſtre Mur ; pour commencer à conduire les jets que vos Arbres pouſſeront, & s'il eſt beſoin d'y adjouſter quelques petites trauerſes que l'on appelle Lattes ; vous y en pourrez mettre ce qui fera neceſſaire, liant vos jeunes jets auec de petits Oziers, ou Ioncs ſans les ſerrer, mais ſeulement pour les conduire.

La ſeconde maniere ſera, de faire vne forme de haye de Pieux & Lattes, maillez eſgalement, & bien liez, qui ayant plus de force que la premiere, obligera les Arbres à prendre tel ply que l'on voudra.

La troiſieſme, eſt vn treilliſſage attaché au Mur, ou par des os de jambes de Cheuaux, ou par des Crochets de fer ſcellez dans le Mur, à cauſe que l'Arbre montant, & s'enforciſſant, ſe jetteroit tout en dehors pour chercher l'air, & romproit ou feroit verſer la haye, dont les pieux ſont fichez dans Terre qui ſe laboure, outre qu'à la longueur du temps ils pourriſſent.

FRANÇOIS. 15

La quatriéme plus forte que toutes & plus facile à entretenir, est de faire sceller dans le Mur des bouts de bois de la grosseur d'vn fort Cheuron, qui seront esquarris à huict pans esgaux, & sortiront hors du Mur, de six poulces seulement ; & à deux poulces prés du bout, ferez faire des trous de Tarriere, d'vn poulce & demy de profondeur. Vous les ferez sceller à esgalle distance de hauteur & largeur, & au milieu de chaque quarré, en sera encor scellé vn, faisant la figure d'vn franc du quarreau ; vous aurez des eschallats, que ferez faire de longueur, de la distance qu'aurez placé vos bouts de Cheurons, lesquels vous affilerez par les deux bouts pour entrer dans les trous qui seront aux bouts des Cheurons; & pour les y placer vous les plierez vn peu en forme d'arc, posant les deux bouts dans les trous qui seront vis à vis les vns des autres, & laissant aller l'arc, ils tiendront d'eux mesmes sans aucune lieure. Comme vos Arbres seront déja forts, ils n'auront besoin d'estre conduits auec tant de bois qu'en leur jeunesse, il suffira de les arrester à cette sorte d'Espalier, la quantité des branches aydant à lier les vnes aux autres: & quand il y aura quelqu'vn de ces eschallats qui sera pourry, l'on en remettra facilement vn autre, en ayant toûjours de prouision dans la Maison.

La cinquiéme, est de prendre du bois de quartier vn peu plus gros qu'vn Eschallats, le dresser sur des os de Cheual ou Crochets de fer (comme j'ay dit cy-deuant) & le lier auec du fil d'Archail, ou de Cuiure, cela dure extrememement long-temps.

La sixiéme & derniere façon d'Espaler les Arbres, (qui est la plus belle & la plus agreable, mais elle ne se peut faire qu'aux Murs en plastre) c'est auec de petites lanieres de cuir ou lizieres de drap auec lesquelles les branches sont retenuës, attachant ces lizietes au Mur auec du cloud, &
les

les branches prendront leur ply en groſſiſſant ; ne pouuant l'Arbre ſe jetter en auant, ny arracher le clou qui ſe roüille dans le Mur.

Ces trois dernieres manieres d'Eſpalier ſe pratiquent pour bannir les Limats, Perce-oreilles, Martinets, & autres Inſectes, qui ſe mettent dans les liens des mailles, & entre les eſcorces du bois qui eſt rond, & non pas de quartier.

Vous obſeruerez de ne planter aucun Arbre, dans les coings ou angles de vos Murs, car ils n'auroient que demie nourriture, outre que cela arrondiroit la figure de voſtre Eſpalier, & auſſy que l'Arbre jetteroit tout ſon bois en deuant pour auoir de l'air.

LE CONTR'ESPALIER eſt vne haye qui forme toutes les allées du Iardin, il ſe plantera de meſme maniere que l'Eſpalier, reſerué que la Tranchée ſera de quatre pieds de large au moins, & que vous ferez jetter vos Terres, la bonne d'vn costé, & la moindre de l'autre, afin de mettre la bonne au fonds de voſtre foſſé, & la moindre deſſus.

Vous y planterez vos Arbres tous droicts, & non panchez comme à l'Eſpalier.

Le bois qui les souſtiendra, il faut de neceſſité qu'il ſoit fiché dans Terre & maillé de Lattes; toute la propreté & curioſité qui s'y peut apporter, eſt de le faire de Bois de quartier, & le lier auec du fil de fer, ou de cuiure.

Quelques-vns pour eſpargner la deſpenſe de l'entretien du Bois, ſe contentent quand les Arbres ſont forts de les laiſſer joindre enſemble & les lier; mais il faut qu'ils ayent eſté plantez à neuf pieds l'vn de l'autre, & ſont ſujets à eſtre ébranlez des vents.

Les Buissons, ce ſont Arbres que l'on plante ordinairement dans les bandes des Parterres & dans les quarrez des Potagers; le long des sentiers ; lesquels on taille de telle figure que l'on veut, ou ronds, ou quarrez, ou plats par dessus, ou que l'on laisse monter en forme de Cyprez : en les taillant on se contente plustost de leur donner la forme, que d'espargner les bourgeons à Fruicts que l'on conserueroit aux Espaliers & Contr'espaliers : l'on les plantera à neuf pieds l'vn de l'autre.

La maniere que je vous viens de dôner pour planter vos Arbres, vous espargnera la despense de faire effondrer tout vostre Iardin, les Allées n'en ayant pas beaucoup de besoin ; car auant qu'ils ayent poussé leurs racines iusques aux Allées, ils auront pris force, & perceront aysément les Allées où ils trouueront la bonne Terre ; Vous ne laisserez pourtant vos Allées en friche, ains les ferez curieusement nettoyer d'herbes, & sur tout oster le Chiendent iusques au dernier brin, renuersant vostre Terre de la hauteur d'vn fer de Bes-

B ij

che en fecoüant le Chiendent; & fi aprés ce labour il en repoufloit quelque peu, vous le ferez chercher, pour le bannir entierement de voftre Iardin comme tres-nuifible.

Des Arbres, & du choix que l'on en doit faire.

SECTION III.

CE n'eft rien fait d'auoir bien preparé voftre Terre, fi vous ne la plantez de beaux & bons Arbres, que vous pourrez choifir dans les Pepinieres de gens qui font en reputation d'eftre fidels: car la plufpart de ceux qui en vendent trompent fouuent les Achepteurs; A ceux-cy, je ne vous côfeille d'en prendre aucun que vous ne voyez le Fruict deffus, & les retenir dés ce temps-là, en les cachetant auec de petites bandes de parchemin, fcellées de voftre Cachet, pour en les leuant estre asseuré d'auoir ce qu'aurez achepté : & pour ceux-là qui liurent fidellement, vous n'y serez pas si exact ; il est bon pourtant de les cacheter aussi, quand ce ne seroit que pour faire voir à ceux qui en acheteront apres vous, que ce sont Arbres retenus.

Si vous voulez remarquer les especes, vous le pourrez en deux façons; l'vne en pendant de petites Ardoises où le nom de l'Arbre sera en escrit; & l'autre en y mettant des bouts de Laine teinctes de plusieurs couleurs, dont vous ferez vn memoire; cela seruira à distinguer vos Arbres en les plantant, afin qu'entre-meslant ceux d'Esté auec ceux d'Hyuer, vos Espaliers, Contr'espaliers & Buissons, en soient plus agreables à voir, n'estans pas desnuëz entierement par endroits où il n'y auroit que des Fruicts d'Esté; & aussi que vous n'en mettrez point deux d'vne sorte proche l'vn de l'autre.

Les Fruicts que choisirez, particu-

lierement quant au Poires, (si vous
en voulez vendre) ce sera le Bon-
Chrestien d'Esté, & d'Hyuer, le pe-
tit-Muscat hastif, le Portail, la Bergamotte d'Esté, & d'Hyuer, Sainct-
Lezin, Amadotte, Bezidairy, Double-Fleur, gros-Rousselet de Rheims,
Parfum, Bœuré des deux sortes, Mes-
sire-Iean, Cadillac, & autres que vous
sçaurez qui se vendent le plus cher.

 Quant aux Pesches & Abricots, ils
se vendent toûjours bien, mais ces
deux sortes de Fruicts ne sont gueres
propres en Espalier, à cause que les
branches meurent tantost d'vn bras,
tantost d'vn autre, & bien souuent entierement; ce qui est fort desagreable
à voir, par les bresches que cela fait à
vos Espaliers: celles que l'on estime le
plus sont les Auant-Pesches, ou Pesches de Troye, Alberges, Paüies,
Pesches-Cerises, Violettes, de Pau,
Brignons & autres.

 Pour les Pommiers, la Reinette
de plusieurs sortes, le Courpendu,

FRANÇOIS.

Caluil rouge dedans, Chaftaigner Apis gros & petit, Pigeonnet ou de Iudée, & autres.

Les Prunes de Damas Noir, Rouge, Blanc, & Violet, faincte-Catherine, Moyen d'œuf, Moyeu de Bourgogne, Montmiret ou Cypre, Perdrigon Blanc, Rouge, & Violet, Imperiale, Dattes, Ifleuert pour confire, & autres.

Pour les Cerizes & Bigarreaux, d'autant qu'il s'en fait des Plans particuliers, je n'en feray aucune mention, & fuffira de dire que celles à courtes-queuës, groſſes, & à petit noyau, pareilles à celles de la vallée de Montmorency, ſont les plus excellentes. Il y en a des Præcoces, qui ſe plantent à grand abry & bel aſpect du Midy, ou ſe mettent dans des Quaiſſes, pour eſtre ſerrées pendant l'Hyuer, auec les Orengers, mais c'eſt pluſtoſt pour la curioſité que pour le profit.

Retournons à l'élection de nos Arbres, & que cette digreſſion ne nous éloigne point d'en dire tout ce qu'il se pourra ; particulierement des Poiriers, comme portans le Fruict le plus precieux de nostre Iardin.

L'Efcuſſon ſur Coignaſſe, eſt à preferer à tout autre ; d'autant qu'il rapporte pluſtoſt, & fait le Fruict plus gros & plus beau, eſtant Rouge du coſté du Soleil, & Iaune de l'autre coſté qui eſt ombragé par ſon eſpoiſſeur.

Les Arbres greffez ſur Franc, ſont eſtimez de meilleur gouſt ; mais ils ne viennent ſi gros, ny ſi beaux en couleur, que ceux qui ſont greffez ſur la Coignaſſe, qui eſt ce que nous recherchons pour la vente, d'autant que les autres Poires reſtent toûjours vertes en couleur.

Pour l'aage que deuez choiſir vos Arbres, quatre ans ou enuiron eſt la plus belle grandeur, d'autant que plus jeunes ils ne garniroient pas voſtre Eſpalier promptement ; & plus vieils, ils auront jetté de groſſes racines, que

ceux

ceux qui les leueront de la Pepiniere coupperont, ou esclatteront au grand prejudice de l'Arbre qui sera long-temps à recouurir sa playe, & faudra qu'il jette beaucoup de nouueau cheuelu auant que de bien faire.

L'opinion de beaucoup est, qu'il n'est que de planter gros, & qu'vn Arbre est trop long-temps à venir: je ne suis pas de leur aduis ; car j'estime qu'vn Arbre bien choisy & de belle venuë, de l'aage que j'ay dit, jettera de plus beau Bois que leur gros qui n'en poussera que de petit, quoy qu'en quantité.

Pour la forme, vous prendrez garde qu'ils ne soient point Moussus, ny Assouchis, mais de belle venuë, le Bois gros & bien clair, que l'Escusson ait bien recouuert son Sauuageon, & qu'il soit garny dés le bas, afin d'estre plus agreable en l'Espalier.

Vous les ferez leuer en vostre presence, afin que l'on rompe le moins qu'il se pourra de Cheuelu, & que

C

Contraste insuffisant

NF Z 43-120-14

l'on n'esclatte, ny couppe, aucune racine, s'il se peut ; Choisissez vn beau jour, enuiron la Sainct Martin; car depuis que la fueille commence à tomber, il n'y a aucun peril à leuer des Arbres ; vous les ferez emporter le plus doucement qu'il se pourra, sus le dos des hommes, ou sus des bestes Asines, & les planterez le plustost qu'il vous sera possible, de peur qu'ils ne fatiguent, & que le petit Cheuelu ne se desseiche ; vous ne les taillerez qu'en la saison pour les causes que je vous diray cy-apres.

Aux Poiriers greffez sur Franc, il leur faut coupper le Piuot, afin que les autres racines prennent force, & s'estendent tout autour en cherchant la meilleure Terre.

Les autres Arbres de toutes sortes, seront arrachez, replantez, & gouuernez, de la mesme façon que les Poiriers, n'y ayant aucune distinction à faire en cét endroit.

Quant à la Taille des Arbres, le

FRANÇOIS. 27

vray temps pour ceux qui font vieils plantez, eſt dans le Decours de la Lune de Ianuier, qui eſt auſſi le temps que l'on cueille des Greffes, pour la Fente & Couronne ; parquoy ce que vous aurez couppé de Greffes en taillant, fera conſerué pour s'en feruir en faiſon : Et pour les Arbres nouueaux replantez, ils ne feront taillez, qu'alors que la Seve commence à monter ; afin que la coupe ſe recouure pluſtoſt : car ſi vous les tailliez dés l'Hyuer, le Bois ſe deſſeicheroit par les Gelées à l'endroit de la Taille, & feroit vn Argot de Bois-mort, juſques à l'œil qui pouſſeroit ſa Seve le plus proche de la Taille.

Pour ce qui eſt de lier & dreſſer les Arbres, le mois de Febvrier y eſt le plus propre, d'autant que les grandes Gelées eſtant paſſées, l'on ne feint point de coupper le ſurplus ; & auſſi que la Seve n'eſtant pas encore montée l'on eſt hors de danger d'Eſbourgeonner les yeux où il y aura du Fruit.

C ij

La principale sujettion de bien dresser vos Arbres, est de les estendre en forme d'Esuentail ouuert; c'est à dire, que comme les bastons d'vn Esuentail, ne se croisent point les vns les autres, aussi les branches de vos Arbres seront conduittes de mesme façon.

La plus part des Iardiniers du Commun tombent dans cette erreur de les croiser, à cause que l'on ne les en a jamais repris, s'emancipans de vouloir gouuerner des Arbres, qui est vne connoissance toute particuliere, qui ne s'apprend pas chez les Planteurs de Choux; Ils font encore des fautes notables: c'est qu'ils fagottent vne quantité de menuës branches toutes dans vn Lien, ce qui ne se peut souffrir, sans les en reprimender, car l'on ne doit laisser que l'espoisseur d'vne seule branche par tout l'Arbre; & pour comble de leur ignorance, ils passent, & repassent les branches, autour du Bois que l'on a mis pour les dreſſer, ou mettent l'Arbre derriere, & le Bois en deuant, qui ſont des fautes ſi grandes, qu'elles ne ſe peuuent paſſer ſans les reprendre; (je les prie charitablement de donner vne année de leur temps, au ſeruice de quelque bon Iardinier, où ils pourront faire grand profit); s'il ſe rencontroit pourtāt quelque place à l'Arbre qui ne fuſt pas garnie, vous pouuez en cette neceſſité-là, croiſer quelque petite branche pour couurir ce vuide, mais que ſoit rarement, & faites en ſorte que l'on ne s'en puiſſe pas ayſement appercenoir.

Il eſt neceſſaire de donner quatre labours à vos Arbres par chacun an, & vous pourrez faire ſemer ſus ces labours, des petites Herbes qui ſe leueront d'vn labour à l'autre, comme Laictuës, Pourpier, Cerfueil, Chicorées ; meſmes y eſleuer de jeunes Choux pour replanter, bref tout ce qui ſe leue, & ne ſejourne pas beaucoup en vn endroit ; vous y pourrez

C iij

aussi replanter des Laictuës pour pommer, de la Chicorée pour blanchir & du Pourpier pour confire au sel & pour la graine ; Cela vous portera double profit, car vos Arbres outre le labour, seront arrousez par le Iardinier, qui aura soin d'esleuer ces petits Herbages.

Vous ne mettrez prés de vos Arbres, aucune racine telle qu'elle soit, tant à cause qu'elles veulent sejourner long-temps dans Terre, pour l'accroissement ; qu'à cause qu'elles emmaigrissent ou effrittent beaucoup la Terre ; les Choux à Pommes, autres grands Choux, & les Poirées pour tirer des Cardes en seront aussi bannis.

Il sera necessaire aux Arbres vieils plantez, de trois en trois, ou de quatre en quatre ans, de les deschausser ; & au bout des racines hors de la Terre qui est en Labour, faire vne Tranchée, & y mettre de bon Fumier ; vous laisserez pourtant quelque

FRANÇOIS. 31
peu de Terre fur les racines, de crainte que le Hafle de l'Efté ne les brufle; Le vray temps pour cét œuure, eſt au commencement de l'Hyuer, d'autant que le Fumier ſera demy conſommé auant les Chaleurs.

De la Pepiniere & Baſtardiere.

SECTION IV.

LA PEPINIERE eſtant le commencement de l'eſleuement des Arbres, il eſt neceſſaire de vous en donner l'inſtruction entiere, en commençant par les Semences.

Les Semences deſirent vn lieu frais, non eſtouffé d'Arbres, & veulent eſtre abriées, du Soleil du Midy, par quelque Mur; vous le pourrez facilement trouuer dans voſtre Iardin, vous ſeruant du Lieu en labour où ſera voſtre Eſpalier du coſté du Midy; vne année ſeule ſuffira, pour

C iiij

vous fournir amplement de toute sorte de Plan, & plus que vous n'en aurez de besoin.

Ayant fait amas de Pepins, & Noyaux, durant toute vne année à mesure que mangerez vos Fruicts; l'Hyuer estant passé vers la fin de Febvrier, vous semerez vos Pepins en rayon chacune espece à part, & vos Noyaux au Plantoir si vous voulez.

Ie presuppose que la Terre où vous les mettrez aura esté labourée au commencement de l'Hyuer, & qu'elle le sera vne seconde fois quand vous semerez : Les Pepins, & Noyaux pousseront dés la mesme année, qui plus forts, qui plus foibles, il n'importe ils seront toûjours assez bons à replanter; ce n'est pas, que si vous les auiez semé dans vne Planche derriere vostre Contr'Espalier (du mesme costé du Midy pour estre abriez au moins le Matin & le Soir) ils ne fussent meilleurs, de deux ans, que d'vne, pour estre replantez, mais tels qu'ils feront vous ne laifferez d'en faire voftre Pepiniere.

Les Noyaux des Pefches fe plantent auffi au temps qu'elles font en maturité, les enterrant ainfi que l'on cueille la Pefche de l'Arbre, c'eft à dire auec fa chair ; & il fera neceffaire de mettre des petits Baftons à l'endroit où vous les aurez mis, de crainte qu'en labourant, l'on ne rompe le Germe.

Pour commencer donc voftre Pepiniere, vous choifirez quelque partie de voftre Iardin, que ferez labourer & bien dreffer; par apres la ferez marcher pour affermir la Terre ; puis vous ferez faire des petites Rigolles, de la haulteur & largeur du fer d'vne Befche, diftantes de deux pieds & demy l'vne de l'autre, & jetter la Terre toute d'vn cofté fur le bord du Rayon. Cela fait vous placerez voftre Plan dans voftre Rigolle, luy rognant le Piuot, & ne le mettrez qu'à demy pied l'vn de l'autre, chaque efpece à part, les Poiriers auec les Poiriers, les Pommiers auec les Pommiers, & ainſi des autres ; Vous ſerez ſoigneux que l'Herbe ne gaigne le Plan, & le ferez labourer & ſarcler quand il en aura de beſoin.

Vous ne rognerez voſtre Plan, que quand la Seve voudra monter, & le ferez eſbourgeonner, afin qu'il ne ſe trouue point de nœuds en l'Eſcorce, qui vous nuiſent quand il les faudra greffer.

Si dés l'Année que vous les aurez plantez, il s'en trouuoit d'aſſez forts pour Eſcuſſonner, & qu'ils euſſent de la Seve ; ne faites aucune difficulté de les greffer, mon opinion eſt, que l'on ne ſçauroit eſcuſſonner les Sauuageons & Francs trop jeunes, pourueu que l'on puiſſe placer l'Eſcuſſon il ſuffit ; je fonde ma raiſon que le Sauuageon & ſon Eſcuſſon prennent vn accroiſſement égal dés leur jeuneſſe; que la taille de l'argot en eſt pluſtoſt recouuerte, & qu'ils pouſſent de plus grande force, que ceux que l'on Efcuſſonne ſur de plus forts ; qui ſont des deux ou trois ans, à recouurir la place où on aura oſté l'Argot; & dont ſouuent de l'autre coſté de l'Eſcuſſon, l'eſcorce du Sauuageon meurt de trois ou quatre doigts plus bas que l'Eſcuſſon, & qu'il faut vn grand temps à l'Arbre pour recouurir ce manque.

Vous ferez auſſi vne Pepiniere de Coignaſſes ſemblables à celle de Francs, & que vous gouuernerez de la meſme ſorte.

Les vrayes Coignaſſes (qui eſt ce que je vous nomme Sauuageons) ſont celles dont le Fruict vient en figure de Calebaſſe, & non pas celuy qui eſt gros derriere & aboutit en pointe par deuant.

Quant aux Peſchers, que vous aurez ſemé de Noyaux, je ſuis d'aduis que vous en faſſiez vn Carré de voſtre Iardin à part, pour les cauſes que je vous ay dites, qui ſont, que les mettant en Eſpalier ou Contr'eſpalier il en meurt

tous les Ans quelque branche, ce qui
est fort désagreable à voir : C'est
pourquoy je vous conseille, qu'en l'vn
des quarrez les plus éloignez du Logis
(pour ne pas empescher la veuë de
tout vostre Iardin) du costé du mauuais vent, qui est la Bize ou Septentrion, vous y logiez les Peschers que
leuerez de vostre Seminaire, & vous
les placerez à six pieds l'vn de l'autre,
en distances esgalles de tous costez (ce
qui se nomme Planter à la Quinconce) & là vous en recueillerez abondance de Fruicts, à cause de la quantité d'Arbres ; Vous serez soigneux
de leur faire donner aussi quatre Labours; faire oster le Bois-mort & couper au deux ou troisiéme nœud, les
jeunes jets qui poussans de trop grande Force, attireroiét à eux seuls, toute
la Seue de l'Arbre, & laisseroient languir les vieilles branches, qui faute de
nourriture, mourroient en peu de téps,
car c'est vne maxime que la Seue monte toûjours aux jets les plus tendres.

FRANÇOIS. 37

Vous pourrez aussi au mesme lieu, entre-mesler quelques Abricotiers, que vous gouuernerez de la mesme façon que les Peschiers & Pauies.

La Bastardiere sera aussi placée en quelque Carré entier de vostre Iardin, le plus reculé du Logis, à cause qu'elle vous cacheroit la veuë des autres Carrez ; paroissant comme vn bois Taillis.

Le lieu estant destiné, & la Terre bien nettoyée de toutes Herbes & Racines, vous ferez faire des trous tirez au Cordeau de deux pieds en quarré, & de deux autres bons pieds de profondeur distans de quatre pieds l'vn de l'autre, & les rangs aussi distans de quatre autres pieds : Vous prendrez des Arbres greffez dans vostre Pepiniere, & les transplanterez dans vostre Bastardiere. Il n'importe quand le jet ne seroit que d'vn an ; & pour les planter, vous obseruerez ce que j'ay mis cy-deuãt au plantage des Espaliers, qui est de mesler du petit

Fumier de vieille Couche auec la Terre, & faisant vne petite butte au milieu du Trou y poser l'Arbre, estendant les Racines de tous costez toûjours tirant en bas; puis apres remplir le Trou jusques à la Greffe & marcher la Terre pour asseurer l'Arbre.

Vous notterez qu'il faut que la Greffe soit toûjours à affleurement de Terre, pour l'ornement de l'Arbre, qui seroit des-agreable si l'on voyoit le nœud où il a esté greffé, & particulierement en quelque-vns, desquels la Greffe surpasse le Sauuageau en grosseur, & fait vn gros bourlet à le Soudure du Greffe, ce qui est fort desagreable.

Quant aux Arbres des Espaliers & Contr'Espaliers exposez au Midy, l'on peut enterrer la Greffe de quatre doigts, pour auoir plus de fraischer, sans craindre qu'elle pousse aucun cheuelu, à cause de la Secheresse; & quand mesme elle en auroit jetté, le Iardinier en beschant y peut regarder,

FRANÇOIS. 39

les couper, & donner vn peu d'air au nœud, afin qu'il n'en pouſſe point de nouueau.

Vous obſeruerez auſſi, que durant les grandes chaleurs, Si vous voulez faire beaucoup de bien à vos Arbres; ce ſera de mettre au tour du pied (ſans pourtant faire toucher à l'Arbre) de la Fougere ou du grand Fumier trois pieds tout au tour de vos Arbres, & quatre doigts d'eſpois ſeulement: cela ſeruira à Ombrager, & entretenir la fraiſcheur de la Terre, & auſſi empeſ-chera qu'eſtant battuë de quelque grande Pluye, elle ne ſe creuaſſe; ce qui eſuente ſouuent l'Arbre, & deſſeiche les petites racines : ſi immediatement auant que de mettre ce Fumier vous faites donner vn Labour à la Terre, ce ſera vn double bien que voſtre Arbre en receura, d'autant qu'elle s'entretiendra toûjours meu-ble & ne pouſſera aucune mauuaiſe Herbe à trauers ce Fumier.

La Baſtardiere vous eſt neceſſaire,

pour trois raisons principales : Premierement, pour auoir des Arbres de prouision propres à remettre à la place de ceux qui meurent, ou qui languissans ne profitent point : Secondement, pour dégager la confusion qui pourroit estre dans vostre Pepiniere, à cause de la trop grande quantité de jeunes Arbres : La troisiéme, sera pour en auoir à vendre, en recompense de la premiere despense, qu'aurez faite à planter vostre Iardin : ils pourront aussi vous apporter du Fruit en ce lieu là, dont vous tirerez grand contentement ; & outre tout cela vn Arbre replanté plusieurs fois est beaucoup plus Franc, que si tiré directement de la Pepiniere, il estoit placé en lieu à demeurer.

Il est aussi de besoin que vous ayez vne Bastardiere pour les Fruicts greffez sur franc (comme Poiriers, Pommiers & autres) que voulez faire monter en grands Arbres de six pieds de tige; & il n'y a autre gouuernemét
qu'aux

qu'aux precedens, sinon qu'en les plantant il faut couper le Piuot, qui est la Maistresse Racine, & dans leur accroissement, couper à vn doigt prés du tronc les Branches qui tirent trop de nourriture, & qui feroient vn fourchon à l'Arbre ; laissant les petites, afin que le tronc se fortifie en arrestant la Seue en chemin. Il y en a beaucoup qui se trompent dans ce rencontre, lesquels nettoient vn Arbre de toutes ses Branches, jusques à la hauteur où ils veulent que se face la teste, & sont contrains d'y mettre vn Pieu ou Estançon pour le dresser, & pour le guarantir des grands vents, qui font plier & tordre le Tronc, à cause de la charge qui est à la teste : Le Tronc aussi n'en grossit pas si tost, parce que la Seue ne faisant que passer pour aller trouuer le nouueau, ne s'arreste pas en chemin comme elle feroit si il y auoit des jeunes Branches.

Il y a vn temps pour esbourgeonner les jeunes Arbres durant la Seue ; les

Bourgeons que l'on peut oster sont ceux qui dans leur accroissement donneroient quelque difformité à l'Arbre, comme par exemple, aux Espaliers ceux qui pousseroient à bois au deuant ou au derriere de l'Arbre; car pour ceux à Fruict, il les faut tous laisser : pour distinguer vn Bourgeon à Fruict d'auec vn à Bois, c'est que celuy à Bois n'a qu'vne fueille, & celuy à Fruict en a plusieurs.

L'on taille aussi les jeunes jets qui poussent de trop grande force, & qui par leur vigueur pourroient attirer la Seue d'vn Arbre, & feroient languir les branches qui sont dé-ja toutes venuës : quand vous remarquerez cela vous les arresterez au deux ou troisiéme nœud, & ce apres qu'il aura tout poussé sa Seue.

On rogne aussi la Seue d'Aoust, tant parce que l'Arbre s'estendroit trop sans se garnir, qu'à cause que bien souuent elle ne meurit pas auant l'Hyuer, & laisse la branche affamée par le bout, qu'il faut neceſſairement rogner à la taille de Fevrier.

Si vous voulez faire à part quelque Plan de grands Arbres, il faut de neceſſité qu'ils ſoient Greffez ſur Franc, & non pas ſur le Coignaſſier quant aux Poiriers; & le Pommier de Paradis, quant aux Pommiers; car autrement ils ne grandiroient pas, mais demeureroient toûjours bas de tige; Vous planterez vos Pommiers à cinq toiſes au moins, & vos Poiriers, Pruniers & autres à quatre; Vous obſeruerez ſur tout qu'ils ſoient plantez à la Quinconce, c'eſt à dire en lignes ſe coupantes à Angles droicts. L'on pourra ſemer dans ce Plan, quelques graines ou legumes, cela ſeruira à les entretenir de labour; car je vous recommande ſur toutes choſes de ne ſouffrir aucune Herbe ſauuage en tout voſtre lieu; reſtraignez vous pluſtoſt à vn petit & le meſnagez bien, que d'en entreprendre vn grand & le laiſſer affrichir faute de labours : les grands lieux se font admirer, mais les petits se cultivent plus facilement, & vous tirerez plus de profit d'vn petit lieu bien mesnagé que d'vn grand qui sera negligé.

Des Greffes & du choix que l'on en doit faire.

SECTION V.

IL y a vne grande subjection à bien choisir les GREFFES, car de là dépend que les Arbres portent promptement, où sont quelquefois jusques à dix ou douze ans sans porter.

Les meilleures Greffes, sont celles qui se prennent au bout des plus fortes & maistresses branches, d'vn Arbre qui a de coustume de bien charger à Fruict, & que vous voyez disposé à porter beaucoup cette année là ; car de là dépend que les jeunes Arbres que vous en greffez, ont du Fruit dés la

FRANÇOIS.

fecõde ou troifiéme Année, & par fois
dés la premiere. Comme au contraire,
fi vous prenez vne Greffe, fur vn jeune Arbre qui n'ait pas encor porté du
Fruict celuy que vous en grefferez ne
rapportera de long temps apres.

La Greffe pour l'Efcuffon, doit
eftre cueillie dans le mois d'Aouft en
decours, & greffée en mefme temps:
pour reigle plus certaine, en ne s'arre-
ftant pas tant à la Lune, c'eft quand
vos Sauuageons, & Francs, font en la
force de leur Seue; car l'Efcuffon eft
toûjours affez bon, mais le Sauuageon
manque bien fouuent à eftre difposé,
faute de Seue; ce qui arriue quand
l'Efté eftant par trop fec, ils ne pouffent point, ou fort peu, en la Seue
d'Aouft.

C'eft pourquoy fi vous auez quantité d'Arbres à greffer ne perdez
point de temps.

Vous connoiftrez fi le Sauuageau
eft au fort de fa Seue en deux façons;
l'vne en incifant l'efcorce auec le pe-

tit Cousteau ou Entoir, & leuant la peau ou escorce de l'Arbre ; si elle quitte le bois, il y a de la Seue ; si elle ne le quitte point, attendez que la Seue soit montée, car vous ne le feriez que gaster : L'autre, quand on voit au bout des branches des Sauuageaux, les fueilles blanches de la nouuelle Seue, ce qui tesmoigne que l'Arbre y est.

La Greffe pour l'Escusson, sera choisie du jet de l'année, bien meure, & de belle venuë ; car il y en a beaucoup qui sont maigres par le bout, ausquelles trouue-on à peine vn, ou deux yeux de bons ; Vous la cueillerez proche du jet de l'année precedente, couperez le bout d'enhaut auquel vous ne pouuez prendre d'Escussons, couperez aussi toutes les fueilles à la moitié de la queuë. Ce que je vous oblige à couper le bout de la Greffe, & les fueilles jusques à la moitié de la queuë, est, que si vous les laissiez, en se fanant cela desseicheroit tellement toute la Greffe que l'onne pourroit leuer les Efcuſſons d'auec le bois ; & auſſi que tout ce fueillage là vous eſt inutil.

Si vous ne greffez que le lendemain, ou pluſieurs jours apres, que vous les aurez cueillies ; vous mettrez tremper le bout d'en bas dans quelque vaiſſeau (deux poulcés de hauteur d'eau ſuffiſent) juſques à ce que vous les vouliez greffer : Et ſi vous voulez greffer le meſme jour, il n'eſt beſoin que de les entretenir fraiſchement dans quelques fueilles de Choux ou Linges moüillez.

Les Greffes pour la Fente ſe cueillent dés le Decours de la Lune de Iannier, s'appliquent au Croiſſant de celle de Febvrier, & en continuant de Lune en Lune, juſques à ce que vous voyez que la Seve eſtant trop forte dans le Sauuageau, en deſtache l'eſcorce d'auec le Bois.

Pour bien choiſir la Greffe pour la Fente, mon opinion eſt qu'il faut qu'il y ait du Bois des deux Seves de l'année precedente ; dont le plus vieil seruira pour mettre dans la Fente ; & le dernier poussera les Bourgeons : Ie ne desapprouue pas que l'on ne greffe aussi le Bois où il n'y aura qu'vne Seve ; mais l'Arbre n'en portera pas si tost.

Vous cueillerez vos Greffes (comme j'ay dit cy-deuant) au bout des plus belles Branches, & laisserez trois doigts de la premiere Seve, afin de tailler aisément vostre Greffe : Pour les conseruer il suffit de les enterrer jusques à la moitié tout en pacquets, en distinguant pourtant les especes, de crainte que mettāt deux Greffes de diuerses sortes sur vn mesme Arbre vous ne fussiez obligé d'en coupper vn ; d'autant que jamais deux Fruicts ne s'accordent bien sur vn mesme pied ; à cause que l'vn empesche l'autre de venir en sa perfection, luy desrobant beaucoup de sa Seve.

De

De la maniere de Greffer.

SECTION VI.

IE n'ay remarqué que quatre manieres de Greffer necessaires, & dont on puisse esperer bon succez; les autres sortes estant plus curieuses, qu'vtiles, puis que par ces quatre on peut Greffer toutes sortes d'Arbres & Arbustes.

L'Escusson tient le premier lieu, d'autant qu'il s'applique sur toutes sortes d'Arbres & Arbustes generalement, qu'il est le plus facile à faire, & rapporte pluftost du Fruict.

La Fente suit apres & se fait sur gros Arbres, & sur petits jusques à vn poulce de Diametre.

La Couronne ne se place guere que sur des Arbres bien forts.

Et l'Approche ne se prattique ordinairement que sur les Orengers, Ci-

E

tronniers, & autres qui sont dans des Quaisses qui se peuuent approcher & joindre.

Les autres façons de Greffer, sont plus curieuses que necessaires, & embarrassent plus à mettre en prattique, que ces quatre que j'ay nommées, auec lesquelles on peut Greffer toutes sortes d'Arbres, quels qu'ils soient.

Pour commencer donc par L'ESCVS-SON: Voſtre Sauuageau eſtant deſpoüillé de toutes petites Branches, juſques à la hauteur de demy pied ou vn peu plus, dés le temps que l'on taille les Arbres, ou bien à l'heure que voulez Greffer; vous choiſirez la plus belle place ſur l'Eſcorce de voſtre Arbre, & s'il ſe peut que ce ſoit du coſté des grands vents; parce que dans l'Automne il en vient ordinairement de fort impetueux, qui deſcolent les Eſcuſſons, à cauſe de leur grande tendreſſe, & qu'ils ſont chargez de Fueilles, & de Bois; ce qui n'arriue pas ſi facilement, eſtans pla-

cez du costé des grands vents, que
s'ils estoient de l'autre costé, quoy
que vous y mettiez des Paisseaux
pour les soustenir.

Vous taillerez donc vostre Escusson assez long, comme d'vn poulce de
Roy, & assez large, afin qu'il prenne tant plus de nourriture; le leuerez
proprement, en regardant par dedans
si le germe de l'œil y tient : car s'il
estoit demeuré au Bois d'où vous l'auez leué, il ne vaudroit rien ; vous le
mettrez à vostre bouche, en le tenant par le bout de queuë de la Fueille, que je vous ay fait laisser, en
cueillant les Greffes ; puis vous inciserez vostre Sauuageau, & leuerez
proprement l'Escorce auec le manche
de l'Entoir, sans frotter contre le
Bois, de crainte d'esgratigner la Seue
qui est dessus ; vous placerez vostre
Escusson entre le Bois & l'Escorce,
l'enfonçant jusques à ce que le haut de
l'Escusson, se joigne à l'incision d'enhaut de vostre Arbre, & qu'il porte

tout à plat contre le Bois ; Cela fait vous le lierez auec du Chanvre, commençant à le ferrer bien ferme par le haut, prés de l'œil, puis en tournant par bas, laifferez fort peu de jour à l'œil, ou finiffant voftre lieure vous ferez le nœud.

Prenez garde quand vous Grefferez, que ce ne foit, ny durant la grande ardeur du Soleil, ny durant le temps de Pluye ; Car l'Efcuffon ne peut fouffrir d'eftre moüillé, & il fera mefmement en grand danger de ne pas reprendre, s'il pleut les quatre ou cinq premiers jours enfuiuans que vous l'aurez greffé.

Il y en a qui en leuant l'Efcuffon, leuent auffi du bois ; cela fe faifant tout d'vn feul coup de coufteau ; je ne defapprouue pas cette maniere de greffer, je m'en fuis bien trouué, car mes Greffes ont fort bien repris : & de plus, l'on n'eft pas en danger d'efborgner vn Efcuffon, c'eft à dire de laiffer l'œil de l'Efcuffon au Bois de la

Greffe : Ceux qui ont quantité d'Arbres à greffer, se feruiront de cette maniere d'autant qu'elle eſt expeditiue.

Trois ſepmaines ou enuiron apres que vous aurez greffé, vous couperez le nœud de voſtre Chanvre, afin que la Seue ait plus de paſſage.

L'Hyuer eſtant eſcoulé, & l'œil dormant commençant à pouſſer ; vous coupperez voſtre Sauuageau, trois ou quatre doigts au deſſus de l'Eſcuſſon, & coupperez auſſi la fillaſſe par derriere l'Eſcuſſon, juſques à l'eſcorce ; cela ſe fait d'vn ſeul coup de Couſteau de bas en haut ; vous n'oſterez point pourtant la fillaſſe d'autour de voſtre Eſcuſſon, elle tombera aſſez d'elle-meſme ; & puis il y a danger qu'en l'oſtant l'on abbatiſt le Bourgeon, qui alors eſt extremement tendre.

Quand voſtre Eſcuſſon aura pouſſé toute ſa premiere Seue, vous le rognerez, afin qu'il jette des branches par les yeux d'en-bas ; autrement il monteroit sans fourcher, & ainsi voſtre Naim n'auroit pas de grace.

Le vray temps pour l'arreſter eſt en Decours auant que la Seue d'Aouſt pouſſe : Si vous voulez en meſme temps vous pourrez coupper le bois du Sauuageau qu'aurez laiſſé au deſſus de l'Eſcuſſon, en cas que vous ne l'ayez couppé dés le Renouueau ; vous le taillerez en biais prés de l'Eſcuſſon, & le couurirez de Terre franche, meſlée auec du foin bien delié, faiſant vne petite Pouppée ; vous le pourrez couurir plus proprement, auec vne Cire meſlée, dont je vous donneray la compoſition cy-apres.

Si vous voulez attendre l'iſſuë de l'Hyuer enſuiuant pour couper l'Argot de voſtre Arbre, vous ne ſerez pas obligé de l'enuelopper ; car la Seue montant bien toſt apres, le recouurira en peu de temps.

J'ay remarqué qu'vn Eſcuſſon, appliqué ſur vn Sauuageau ou Franc, qui eſt de la groſſeur d'vn poulce & au deſſus ; ne pouſſe pas ſi bien que ſur vn plus jeune, & eſt plus facile à deſ-coller.

Il y en a qui eſcuſſonnét dés la premiere Seue, qui eſt dans la fin du Printemps ; mais ils n'aduancent pas beaucoup ; car l'Eſcuſſon ne pouſſant qu'à la Seue d'Aouſt, le jet n'en eſt pas ſi beau que celuy de l'œil dormant ; à cauſe que bien ſouuent le Bois du nouueau jet, ne meurit pas, & l'Hyuer venant le fait mourir : C'eſt pourquoy vous ne grefferez à la premiere Seue, ſi ce n'eſt vne grande neceſſité.

Pour la FENTE, ou POVPPEE, tous Arbres depuis la groſſeur d'vn poulce, juſques aux plus grands, y peuuent eſtre greffez : le temps le plus propre, eſt, depuis la Nouuelle Lune de Febvrier, juſques à ce que la Seue, (eſtant trop forte dans les Arbres) ſepare le Bois d'auec l'eſcorce, alors vous ceſſerez de Greffer.

Pour greffer en Fente, il faut ſcier

voſtre Sauuageau à quatre poulces ou enuiron prés de Terre; puis auec la Serpette, oſter l'eſpoiſſeur d'vn teſton du Bois où la Scie aura paſſé; à cauſe que le trait de Scie, ne coupant pas nettement, la Seue ne pourroit recouurir ce bois gratté, ny la Greffe ſe joindre à l'Arbre, ſi l'Eſcorce n'eſtoit rafraichie auec la Serpette: Cela fait vous fendrez voſtre Arbre par la partie, où l'eſcorce paroiſtra la plus vnie, & moins noüeuſe; vous prendrez garde, de ne pas mettre voſtre Serpette à fendre, juſtement par le milieu de l'Arbre, où eſt le cœur du Bois, mais fort peu à coſté; puis taillerez voſtre Greffe en aiguiſant tout le vieux Bois juſques au noüueau, eſgalement de chaque coſté, laiſſant les deux eſcorces attachées au Bois, car ſi elles ne tenoient au Bois, la Greffe ne vaudroit rien; vous rognerez voſtre Greffe à trois ou quatre poulces, plus ou moins ſelon ſa force, d'autant que ſur vn petit Sauuageau, l'on n'en

laiſſe pas de ſi longues que ſur vn
grand Arbre. Cela fait vous ouurirez voſtre Sauuageau auec le Coing,
qui ſera fait de quelque Bois dur,
comme Buis, Eſbene, ou autre, frappant doucement deſſus ; puis vous poſerez voſtre Greffe au bord de voſtre
Sauuageau, en l'enfonçant juſques au
nouueau Bois ; & faites en ſorte que
les endroits, par où paſſe la Seue, qui
ſont entre le bois & l'eſcorce de l'vn
& de l'autre ſe joignent à cét endroit-
là ; vous en ferez autant de l'autre coſté de voſtre Fente, mettant toûjours
deux Greffes à chaque Fente, pourueu que vous les y puiſſiez placer,
ſans ſe toucher ; car elles recouurent
mieux leur Sauuageau, & plus promptement que s'il n'y en auoit qu'vne;
à cauſe que la Seue monte eſgalement
des deux coſtez, & ne laiſſe mourir le
derriere de l'eſcorce, comme j'ay dit
cy deuant : En apres vous couurirez
ce qui reſte de la Fente entre les deux
Greffes, auec vn peu d'eſcorce tendre,

de peur que l'eau n'entre dedans; puis vous ferez vne Pouppée, auec Terre franche & foin bien menu; aucuns par dessus la Pouppée mettent de la Mousse, & la font tenir auec deux escorces de Saule croisées, & les lient d'vn Ozier au pied du Sauuageau.

Quand vous Grefferez de grands Arbres, vous prendrez les branches les plus viues, pour y placer vos Greffes; si elles sont grosses, vous y pourrez placer quatre Greffes, en fendant vostre Arbre en figure de Croix, sans pourtant toucher au Cœur de l'Arbre; les autres branches que vous ne Grefferez point seront sciées à demy poulce pres du Tronc, puis ayant osté l'espoisseur d'vn teston du bois que la Scie aura gratté, vous l'emmaillotterez de Terre franche, & ce aussi long temps que l'escorce sera à recouurir cette playe, pour empescher le hasle en Esté, & la Gelée en Hyuer qui entreroient par le cœur de l'Arbre à son grand prejudice; Il sera bon de lier quelques Eschalats aux branches Greffées pour entretenir les jeunes jets, & les parer des grands vents, jusques apres la seconde Année, qu'ils seront affermis ; & s'il se rencontre quelque brâche qui pousse des-agreablement, vous la taillerez ; comme aussi la trop grande quantité de branches, qui s'estouffent l'vne l'autre, particulierement dans le milieu de l'Arbre.

Quand vous Grefferez des petits Sauuageaux, qui n'auront pas la force de serrer leur Greffe, vous leur aiderez liant le Sauuageau pres de la Greffe auec quelque petit brin d'Ozier.

Quoy que cy-deuant je vous aye obligé, qu'à vos Greffes il y ait du bois des deux Seues; neantmoins vous ne jetterez celuy où il n'y aura qu'vne Seue, ny aussi les rogneures de ceux où aurez pris des Greffes des deux Seues, car ils sont tresbons ; mais ils portent du Fruict plus tard que les autres, & ne chargent pas tant à

Fruict : c'est pourquoy sans necessité vous ne vous seruirez que de ceux de deux Seues.

Le Greffer en COVRONNE, ou entre le bois & l'escorce, ne se fait point, que sur de vieils Arbres, dont l'escorce endurcie peut souffrir le coing sans estre fendué, lesquels ne seroient pas propres à faire vne fente, (à cause de l'espoisseur de l'escorce) si ce n'estoit à grande peine, & encor y auroit-il de l'incertitude à la reprise.

Pour Greffer en Couronne ayant scié vostre Arbre à l'endroit où voudrez le greffer, & retaillé le traict de la scie jusques au vif, particulierement à l'endroit de l'escorce : vous taillerez vos Greffes par vn seul costé en aiguisant ; puis frapperez vn petit coing de fer entre le bois & l'escorce, & ayant retiré vostre coing, y placerez vostre Greffe, l'enfonçant jusqu'au haut de l'aiguisure.

Vous pourrez mettre autour du Tronc de vostre Arbre, autant de

Greffes que vous voudrez, pourueu que par la trop grande quantité, l'escorce ne se fende.

Quant au Greffe en APPROCHE, il est tres-facile à faire, car il n'y a qu'à prendre deux jeunes branches, vne de Sauuageau, & l'autre de Franc, sans les destacher de leur pied ; puis leur oster à chacune enuiron quatre doigts de long, d'Escorce & Bois jusques approchant du cœur; les joindre ensemble le plus proprement qu'il se pourra ; les lier auec du chanvre depuis vn bout de la taille jusques à l'autre, & leur laisser ainsi passer les deux Seues ; au bout d'vn mois ou six sepmaines, si vous voyez que le bois grossisse, & que le Chanvre l'incommode, vous le couperez sur le Sauuageau, en tirant vn seul trait de Cousteau, comme j'ay dit à l'Escusson.

Vous leur laisserez ainsi passer les deux Seues ensemblement, puis au commencement de l'Hyuer, il faudra couper ou sevrer le Franc de sa mere, & rogner le haut du Sauuageau, à vn poulce pres de son Greffe ; par ainsi, ces deux brins ne faisant qu'vn corps le Franc prendra sa nourriture du Sauuage.

Vous couuriez les playes de l'vn & de l'autre auec la Cire que je vous enseigneray cy-apres.

Le temps le plus propre à cét œuure est au renouueau, & particulierement pour les Orengers & autres Arbres semblables qui ne se tirent de la Serre que bien tard.

Vous ne jetterez pas au feu les branches, que vous aurez ostées du Coignassier qu'aurez greffé en fente, car vous en pouuez faire de la Boutture, qui dés l'année mesme prendra racine, & sera mise en Pepiniere pour estre greffée en son temps ; Ce que vous esmonderez de vos Coignassiers durant l'Hyuer, sera aussi planté en Boutture.

Les branches de Pommier de Paradis que l'on appelle fichet, reprennent aussi de Boutture.

Pour planter toute sorte de Boutture; vous ferez vn petit rayon, comme j'ay dit en la Pepiniere (qui est de la hauteur & largeur du fer d'vne Besche) puis l'ayant bien espluchée de toutes petites branches, & taillée par le bas en forme de pied de Biche (c'est à dire à deux coups de cousteau en appoitant); Vous la coucherez au fonds de vostre rayon, la placeant fort pres à pres, d'autant qu'il en meurt beaucoup; & ferez sortir le petit bout; puis remplirez le rayon, & le marcherez plusieurs fois en pressant la Boutture & la pilant fort, autrement elle prendroit de l'esuent.

Quand vous la labourerez ce ne sera qu'auec la Binette; il suffira d'empescher l'Herbe de l'estouffer.

Vous rognerez vostre Boutture toute d'vne hauteur à trois doigts pres de Terre; & ce quand vous verrez que la Seue commencera à s'esmouuoir, faifant verdir les bourgeons de voftre Boutture, laquelle pouffe plus tard que les autres Arbres.

Des Arbres & Arbuftes en particulier, De leur gouuernement, & remedes en leurs maladies.

SECTION VII.

I'Ay creu qu'il eftoit neceffaire, de faire vn Chapitre feparé, qui comprit en deftail, tout ce que je vous ay dit en gros aux Sections precedentes, & ce pour efuiter toute forte de confufion, afin que s'il y a quelque chofe qui vous face de la peine à comprendre, (quoy que je me fois efforcé à m'expliquer, dans les termes les plus fimples, & les plus communs de noftre Langue ; afin que ce Liure puiffe eftre entendu de toutes fortes de perfonnes, & que chacun y profite) je particularizeray fur chacun genre de
Fruicts,

Fruicts, desquels l'on peuple plus communement les Iardins de noſtre France.

En premier lieu je mettray les POIRIERS, comme le Fruict dont il y a le plus d'eſpeces que tous les autres enſemble, & deſquels le Iardin eſt principalement orné, par les Eſpaliers, Contr'Eſpaliers, & Buiſſons; eſquels l'on cueille des Fruicts en leur maturité au moins cinq mois l'année; & que c'eſt le Fruict, dont il y en a quantité qui ſe garde juſques aux nouueaux, ſans dechoir de la bonté de ſon gouſt, ny ſans ſe fleſtrir, ce qui ne ſe rencontre pas en tous les autres Fruicts.

Tous Poiriers, ſe peuuent greffer des quatre façons que j'ay dites ; Ils viennent merueilleuſement bien ſur la Coignaſſe, & en Eſcuſſon rapportent beaucoup pluſtoſt, le Fruict en eſt plus beau, plus peint & plus gros que greffez ſur le Franc ; reſerué le Portail, qui manque ſouuent à reprendre sur la Coignasse, & veut estre greffé sur le Franc : Le Graccioli, & la Vallée, y sont tres-propres, & s'ils ont esté auparauant greffez sur la Coignasse, c'est encore mieux, car le Fruit en viédra plus beau & plus gros.

Si quelque Greffe en Escusson, ou Fente sur la Coignasse manque à pousser, faute d'estre repris, & que vous jugiez qu'elle soit morte ; Laissez repousser le Sauuageau, il jettera quantité de Bois, que vous eslaguerez de toutes petites branches, & l'Hyuer estant à sa fin, vous le butterez en forme d'vne grosse Taupiniere, laissant sortir le bout des branches, sans les rogner ; dans l'Année mesme elles prendront racines pourueu que vous ayez soin de les arrouser dans les grandes chaleurs, & que vous ne laissiez abbatre la Terre par les pluyes ; la releuant à sa premiére hauteur ; si dés l'Année mesme vous trouuez que quelques-vnes de ces branches, soiét assez fortes, vous les Escussonnerez, sinon vous attendrez l'année d'apres, pour les Efcuffonner toutes enfemble; & ce feront autant d'Arbres tous venus que planterez en voftre Baftardiere, l'année d'apres qu'ils auront pouffé leur premier jet, les feparant propremét de leur Mere, & les taillant au bout de la groffe racine en pied de Biche.

Vous obferuerez de les greffer à demy pied de haut, pour laiffer de la tige à voftre Arbre, & elle prendra cheuelu par tout où elle fera enterrée.

Si vous auez des Coignaffes, & que vous en vouliez tirer des jeunes, vous en plongerez les branches dans Terre; & vne Année fuffira pour les enraciner ; Si vous en voulez faire des Arbres tout d'vn coup, vous le pourrez, par la mefme maniere que je viens de vous montrer ; le temps conuenable à plonger & butter eft à la fin de l'Hyuer.

Les POMMIERS, tiendront le fecond lieu, & fe peuuent auffi greffer des quatre façons ; Ils viennent fort bien fur le Fichet ou Pommier de Paradis, particulierement le Caluil y profite à merueille, & est beaucoup plus rouge dedans que celuy qui est greffé fur le Franc.

Les Pruniers, fe Greffent en Fente & en Efcuffon ; fi vous auez du Plan prouenant de Noyaux ou des jets que les racines pouffent hors de Terre autour de quelque Prunier de Damas, vous en ferez de bons Arbres & qui chargeront beaucoup, à caufe qu'il n'y a aucun Prunier tel qu'il foit qui charge plus que celuy de Damas.

La Mérizette qui eft vne efpece de Prunier fauuage dont le bout des branches eft rouge, n'eft pas bien propre à eftre greffée car elle refufe beaucoup de Fruicts, & eft fort incertaine à la reprife.

Les vieils Pruniers, qui font des Bources ou gros pacquets de menues branches, feront rajeunis, en les eftestant à la fin de l'Hyuer & ils poufferont du nouueau Bois qui portera dés l'année suiuante; vous ferez des Poupées de Terre & Foing aux branches coupées, & raffraischirez le traict de scie, ainsi que j'ay dit par tout cy-deuant.

Les ABRICOTS se greffent en Fente & en Escusson, sur le Plan prouenant de leurs Noyaux, & sur ceux de Prunier; le Damas blanc & ceux de moyen d'œuf, font venir les Abricots plus beaux, & plus gros, que sur les autres sortes de Pruniers.

Les PESCHES, PAVIES, & PRESSES, se greffent ordinairement en Escusson dormant, sur le Pescher, Prunier, ou Amandier; mais le Prunier est à preferer aux deux autres; car elles durent daduantage, & resistét mieux aux Gelées & mauuais vēts, qui roüillent les fueilles & jeunes jets.

Les Pruniers blancs ou Poictrons, n'y sont pas propres, mais bien les Damas noir, Chypre, & S. Iulien.

Ceux qui sont greffez sur le Pescher,

durent peu de temps ; mais ceux sur l'Amandier durent beaucoup plus que tous les autres, & font le Fruict meilleur : Il y a tant de difficulté à gouuerner l'Amandier en ce païs-cy, qu'il vaut mieux s'arrester aux Pruniers ; Car l'Amandier ne veut point estre transplanté, & est en danger de mourir, si l'on attend plus d'vn an apres qu'il aura poussé son premier jet, ou deux années tout au plus ; & encor le faudra-il placer à demeurer pour là estre Escussonné & n'en plus partir : l'Amandier est aussi plus sujet à la Gelée que les autres à cause qu'il fleurit plustost; Tout l'aduantage que l'on en peut estimer, est qu'il ne produit point de rejettons au pied.

Les Cerises, Agriottes, Gvines, Bigarreavx, & autres Fruicts semblables se greffent sur le Merizier, auec plus d'aduantage que sur autre Plan ; le vray temps pour les Escussons est quand le Fruict commence à rougir & prendre couleur ; l'on Escuſſonne auſſi les Ceriziers qui tiennent du Sauuage & dont le Fruict eſt amer.

Ils ſe greffent auſſi en Fente, dans la ſaiſon ordinaire à la Fente, & pouſſent de tres-grande force, mais l'Eſcuſſon vaut beaucoup mieux.

Les FIGVES de toutes ſortes ſe prennent de Margottes pour plus grande facilité, & prompt rapport, ce qui ſe fait, en paſſant vne jeune branche de belle venuë à trauers vn Boiſſeau ou Mannequin, l'empliſſant de bonne Terre, meſlée de petit Fumier de vieille couche.

Vous prendrez bien garde de bien accotter & attacher le Mannequin, de crainte que les vents ou ſa charge propre ne le renuerſent.

L'on prend auſſi du Plan tout enraciné des jets qui ſortent de Terre au pied du Figuier, ou bien de Boutture que vous coucherez à la maniere que j'ay dit des Coignaſſiers, ſans toutefois rien couper de la branche que vous plongerez; car ce bois qui a grande moëlle, craint fort l'efuent & l'eau.

Vous le planterez à demeurer le plus jeune que vous pourrez pour la feureté de la reprife.

A l'iffuë de l'Hyuer, vous ferez ofter toutes les Figues qui n'auront pas meury, fans les laiffer tomber d'elles-mefmes; Car auant qu'elles tombent elles attirent beaucoup de la Seue de l'Arbre au grand detriment des nouuelles, qui faute de ce foin bien fouuent ne peuuent s'acheuer de meurir.

Les Figuiers craignent extrememement la Gelée, ce qui vous obligera à les planter en quelque bon abry: L'on les plante auffi dans des Quaiffes que l'on met l'Hyuer dans la Serre auec les Orengers.

Des ORENGERS, & CITRONNIERS, je n'en diray que le principal & plus commun gouuernement; qui eft de femer des Pepins dans des Quaiffes, & quand ils auront deux ans,

ans, les replanter dans d'autres Quaif-
ses chacun à part; lesquelles vous emplirez de bonne Terre, y meslant de
petit Fumier, & de la Terre Glaize
en poudre meurie par vn Hyuer.

Quand ils seront plus forts, vous
les grefferez en Escusson d'œil dormant, ou en Approche dés la premiere
Seue.

Serez soigneux de les preseruer du
froid, les mettant de bonne heure dans
la Serre, & pour les garentir entierement de la Gelée y ferez faire du feu
de Charbon, durant les plus grandes
rigueurs de l'Hyuer, si vous recon-
noissez qu'il gele dans vostre Serre.

Au commencement du Printemps,
quand vous croirez que les Gelées seront passées, vous leur donnerez l'air
petit à petit; Ouurant premierement
la porte de la Serre, à la plus grande
Chaleur du jour & la refermant la
nuict; en suitte, vous ouurirez les fenestres, que refermerez aussi la nuit; &
les Froids estãs entieremẽt passez vous

les sortirez de la Serre pour les mettre à l'air.

A mesure qu'ils grossiront, vous les changerez en des Quaisses plus grandes, les leuant en Motte, & razant le bout des Racines, auec quelque Cousteau, puis les placerez dans les Quaisses, auec de la Terre de la mesme façon que j'ay dit.

Aucuns en les changeant de Quaisse en oftent toute la Terre, la tenant pour vsée ; mais cela destourne beaucoup de l'accroissement de l'Arbre; car il est vne année ou deux à se refaire.

Quant aux Fleurs, vous en pourrez cueillir tous les jours, de crainte qu'elles ne nouënt à Fruict, ou que par trop espanouïes elles ne se perdent : Vous en laisserez seulement quelques-vnes, des plus belles, & des mieux placées sur voftre Arbre, pour auoir du Fruict, autant que vous jugerez l'Arbre en pouuoir nourrir.

Les Araignées aiment fort à y baftir leurs Thoiles, à cause que les Moufches s'adonnent fur les Fleurs & fueilles, attirées par leur bonne odeur : C'est-pourquoy, l'on aura vne Brosse semblable à celle dont on espoudre les Tableaux, & l'on les brossera legerement.

Les ARBVSTES les plus communs, sont les Grenadiers, Iassemins, Roziers-Muscats & autres, Cheurefueils, Myrthes, Lauriers ordinaires, Lauriers-Ceriziers & Lauriers-Rozes, Althea-Frutex, Lilas, Rozes de Gueldres, Philirea ou Alaterne, & beaucoup d'autres encor qu'il seroit superflus de mettre icy : Nous ferons seulement vn petit discours sur les principaux.

Les GRENADIERS se marcottent en plongeant des branches dans Terre, & les laissant ainsi passer l'année, se trouueront suffisamment enracinées, pour estre replantées : Leur Bontture sera gouuernée comme celle des Coignassiers ; ils s'escussonnent,

G ij

se greffent aussi en Fente en la saison ordinaire, & se mettent dans des Quaisses pour passer l'Hyuer dans la Serre : L'on les met aussi en pleine Terre, contre quelque Mur où il y aura grand abry, car ils y viennent fort bien.

Les Grenades que l'on appelle de Raguignan sont les plus rouges, & les plus agreables au goust, quoy que petites.

Les IASSEMINS communs blancs & jaunes, se marcottent aussi; & ne sont difficiles à gouuerner venans en toutes Terres, sans grande culture : L'on en tire des Sauuageaux pour escussonner le Iasmin d'Espagne, qui veut estre mis dans des Quaisses (à cause de sa delicatesse) & estre serré l'Hyuer auec les Orengers : Il veut estre taillé tous les ans (à la fin de l'Hyuer) prés de sa Greffe, ne laissant qu'vn œil à chaque brin pour produire les Fleurs: Il ne luy faudra pas laisser trop de charge; & faudra former l'Arbre, comme vne petite teste d'Ozier, luy laissant vn pied de hauteur de Tige.

Les ROZIERS-MVSQVATS, s'escussonnent sur l'Esglantier, & sont de facile gouuernement; car il n'y a autre subjection, que de les descharger du bois mort; & arrester les jeunes jets, qui poussent de trop grande force, & qui tireroient à eux toute la Seue, laissant mourir les autres branches; il se couche aussi en Terre pour en tirer des Marcottes, dont l'on fait des Arbres à part.

Les MIRTHES, LAVRIERS-CERIZIERS, & LAVRIERS-ROZES, se plongent aussi pour en tirer des Marcottes; il suffit de les plonger vn peu auparauant la Seue d'Aoust; & faut navrer, ou fendre le bois (que vous mettrez en Terre) à l'endroit d'vn nœud jusques à la moitié de sa grosseur, & enuiron trois ou quatre doigts de longueur, selon la force de la branche: En six semaines, ils jetteront vn Cheuelu suffisant pour les sevrer & transplanter : Ils poussent aussi du pied des petits Rameaux tout enracinez que vous pourrez separer de la mere.

Les Lauriers-Ceriziers, se peuuent mettre en Pallissades, & passent bien l'Hyuer en pleine Terre.

Les Lauriers communs se sement de Balaustes, ou Graines, dedans des Quaisses comme les Orengers; & dés la premiere ou seconde année se replantent : Si l'on les place sous quelque esgoust de Toiét (& non de Gouttiere) à l'abry du Soleil de Midy, ils viendront beaux à merueille: Aucuns les cachent de grand Foarre durant l'Hyuer, de crainte des grandes Gelées ausquelles ils sont subjets.

Le PHILIREA, ou ALATERNE se seme aussi dans des Quaisses auant l'Hyuer, & sont mis dans la Serre, où les graines germent & poussent beaucoup mieux : que si elles n'estoient semées qu'au Printemps ;

Quand leur pouffée a feulement demy pied de haut, l'on les peut replanter, & ils fouffrent eftre tondus comme les Buys fans qu'ils foient en danger de mourir.

Pour les autres Arbuftes comme Althea-Frutex, Arbor Iudæ & autres, je n'en diray rien eftans tous Arbres faciles à efleuer & gouuerner; je craindrois de faire vn trop gros volume, dont la lecture vous feroit peut-eftre ennuyeufe; parlons pluftoft des Maladies & Animaux qui incommodent les Arbres.

De toutes les Maladies qui viennent aux Arbres, le CHANCRE eft le plus dangereux, car il gerfe & fait mourir la partie de l'efcorce où il s'engendre, & va toûjours en augmentant fi l'on n'y remedie promptement auffi toft que l'on s'en apperçoit; fi bien que negligeant de vifiter curieufement les Arbres, on en trouue fouuent de tous morts d'vn cofté.

Pour remedier à ce mal, il le faut

cerner tout autour dans l'efcorce viue jufques au bois ; le Chancre tombera de luy-mefme ; ou bien vous le gratterez, afin que l'efcorce recouure plus facilement la playe : Il faudra l'enuelopper peur du hafle, mettant de la bouze de Vache fur le mal.

La Movsse qui vient aux Arbres, prouient ordinairement de quelque caufe de deffous ; qui eft que les racines trouuent du Tuf, ou autre mefchante Terre qu'elles ne peuuent percer pour aller chercher la fraifcheur, & par ainfi font bruflez durant les grandes chaleurs.

Il n'y a autre remede finon, que fi c'eft vn petit Arbre, il le faut leuer auec le plus de Terre que vous pourrez, & luy faire vn beau trou de quatre pieds en quarré, mettre du Fumier au fonds, & le remplir de petit Fumier & Terre meflez enfemble, & replacer l'Arbre comme j'ay dit cy-deuant, il ne paroiftra pas qu'il ait efté leué.

Si c'eft vn vieil Arbre, il faudra le defchauffer auparauant l'Hyuer, & déterrer fes plus groffes racines jufques à la moitié de leur groffeur, faifant vn grand Cerne autour du pied de l'Arbre, & le laiffer paffer ainfi tout l'Hyuer (afin que la Terre fe meuriffe) jufques au Renouueau, que remplirez le trou, meflant quelque Fumier bien confommé auec la Terre, particulierement le long des racines. Vous gratterez la Mouffe de vos grands Arbres auec vne Plane en doflant legerement leur efcorce; & celle des petits Arbres auec vn Coufteau rabatu, ou de bois ; Le temps le plus propre, eft à l'iffuë de quelque Pluye, ou à la Rozée du matin ; car durant la feichereffe elle eft fi fort attachée que vous ne la fçauriez racler, fans endommager l'efcorce de l'Arbre, fi vous la vouliez gratter entierement : Il ne faut negliger ce grattement, car laiffant la Mouffe elle augmente toûjours, & eft aux

Arbres comme la Galle aux Animaux.

La IAVNISSE, ou langueur que l'on apperçoit aux fueilles des Arbres, eſt cauſée ou par quelque bleſſeure, que les Taulpes & Mulots peuuent auoir faites en leurs racines; ou par le fer de la Beſche; ou bien qu'elle eſt ſuffoquée par trop d'eau qui y croupit.

Pour y remedier, il faut deſchauffer l'Arbre de tous coſtez & le viſiter; ſi vous trouuez que les Taulpes, Mulots, ou le fer de la Beſche l'ayent eſcorché, ou fait quelque dommage en ſes racines : vous la couperez bien vniment en pied de Biche, au deſſus & proche de la playe, puis mettrez au fonds du Trou des Suyes de Cheminée, pour eſtranger ces beſtioles, & le remplirez en meſlant de petit Fumier auec la Terre ; ſi ce ſont les eaux qui y croupiſſent, il ne faut que faire quelque Tranchée plus bas, pour les eſcouler.

Pour prendre les TAVLPES, aucuns enfoüiſſent dans la Terre vn pot à Bœure, au chemin par lequel elles ont accouſtumé de paſſer, enfonçant le pot deux doigts au deſſous dudit Chemin, & elles ſe laiſſent tomber dedans. Autres ſe ſeruent d'vn Canon de bois de la groſſeur du bras prés le poignet, & de la longueur de deux pieds ; lequel a vne petite languette de fer blanc, à quatre doigts prés de chaque bout, qui eſt attachée au Canon auec vn fil de fer, vn peu penchante par le bas vers le milieu du Canon, afin que la Taulpe entrant dedans & pouſſant la languette, n'en puiſſe plus reſſortir, ny par vn bout, ny par l'autre ; L'on le mettra juſte au chemin que l'on aura veu nouueau tracé ; les deux bouts reſpondans le plus proprement que l'on pourra, aux deux trous qui feront à la tracę. D'autres pour eſtranger ce beſtail, de quelque endroit où l'on le verroit bien obſtiné, font vne petite enceinte de bois de Sureau, qu'ils fichent dans Terre demy pied de profondeur ; Le plus feur eft de les guetter le matin, & le foir, quand elles trauaillent à faire des Buttereaux ou Taupinieres, & les enleuer adroitement auec la Befche. Si vous en prenez quelqu'vne en vie vous la mettrez dans le pot à bœure, car l'on tient que par leur petit cry elles appellent les autres, qui venantes par la trace def-ja faite, ne manquent à fe laiffer cheoir dans le pot.

Les MVLOTS fe prennent, en faifant auec du Foarre, vne petite Hutte, comme la couuerture d'vne Rufche, mettant deffous quelque Terrine, ou Chaudron plein d'eau à quatre doigts prés du bord, & jetter par deffus l'eau, vn peu de Balle d'Auoine pour la cacher ; ils y viendront pour s'y veautrer, ou y chercher quelque grain, & fe noyeront. Il eſt bõ auffi de mettre des Glanes de bled ou d'Auoine qui pendent au milieu du Chaudron fans y toucher, car ils y iront pour manger, & tomberont dans l'eau ; si vous voulez les empoisonner, l'Arsenic broyé, mis dans quelque graisse les fera mourir ; mais il est dangereux que vos Chats les trouuant morts ne les mangent, ce qui les feroit aussi mourir, si ce n'estoit à l'heure mesme, ils languiroient quelque temps, & à la fin n'en eschapperoient pas.

Les VERS se mettent quelquefois entre le Bois & l'Escorce de l'Arbre; si vous pouuez juger où ils sont, sans faire grande incision, vous les osterez proprement.

Il y a d'vne autre espece de petits Vers, que l'on nomme Coupe-bourgeons, qui s'engendrent au bout des jeunes jets, & qui font mourir tout le haut, pour ceux-là ils sont assez aisez à trouuer, en coupant la jeune branche jusques au vif, vous ne manquerez de les rencontrer.

Les PVCEONS VERTS qui mangent les jeunes jets à mesure qu'ils pouffent, font fort difficiles à eftranger; fi ce n'eft en les barboüillant auec de la Chaux viue fraifchement deftrempée; vne broffe de Peintre de la groffeur d'vn bon poulce, fera fort propre à cét effect.

 Les FOVRMIS s'eftrangeront de l'Arbre, fi vous y faites vne ceinture au Tronc, de la largeur de quatre doigts, auec de la laine fraifchement tirée de deffous le ventre d'vn Mouton : où fi vous le graiffez de pareille largeur auec du Tarc, qui eft vne Gomme noire auec laquelle on frotte la Galle des Moutons : Il y a vn autre moyen moins Salle, & plus facile; qui eft de faire de petits coffrets de Carte, percez en plufieurs endroits auec vn Poinçon, & que dedans il y ait de l'appas, fait auec Arfenic broyé & Miel meflez enfemble; Ces coffrets feront pendus à l'Arbre & les Fourmis allans manger cét appas, s'empoifonneront & mourront. Vous prendrez garde de ne faire les trous fi grands qu'vne Mouche à Miel y puisse entrer, car elle mourroit aussi.

Les LIMATS à Cocquille, se prendront facilement derriere les fueilles le plus proches des Fruicts que vous verrez qu'ils auront mangé la nuict : Car il se trouue par fois des Fruicts mangez jusques à la moitié en vne seule nuict ; l'on croit que c'est la Fouïne, & les Rats verrets, ou Lers; mais ce ne sont que ces Limats qui en grand nombre mangent autant qu'vn Animal de ceux que j'ay dit.

Il y a d'autres petits Limats noirs sans Coquilles qui sont faciles à oster, car ils s'attachent au dessus des fueilles & les rongent.

Vous ne destacherez de l'Arbre, les Fruicts, que les Limats, ou autres bestioles auront entamés, car ils ne toucheront aux autres qu'apres que ceux-là seront entierement mangez.

Pour ce qui est des CLOSPORTES, PERCE-OREILLES, MARTINETS & autres petits insectes qui s'attachent aux Arbres ; l'on mettra des Ongles de Bœuf, Mouton, & Porc, au bout des pieux, ou fur les Oziers qui lient les Efpaliers, & Contr'Efpaliers ; Dés le grand matin deux hommes iröt à cette chaffe auec vn Chaudron ; l'vn leuera doucement (mais promptement) ces Ongles & les frappant au dedans du Chaudron, ces beftioles tomberont ; & l'autre les efcrafera auec vn pilon de bois de crainte qu'elles ne fe fauuent.

Ie crois qu'il ne refte plus que les CHENILLES, lefquelles font tres-faciles à enleuer durant tout l'Hyuer, en oftant les pacquets que l'on verra aux branches des Arbres, & les jettant au feu; ce que vous auriez grande peine à faire fi vous les laiffiez efclore: & en cas que vous ayez laiffé quelques-vns de ces paquets par mefgarde, & qu'ils efclofent ; ne negligez pas de les ofter en leur jeuneffe, quand par la fraifcheur de la nuict ou par quelque humidité, elles feront affemblées

blées toutes en vn monceau, Car au grand Soleil, & au haut du jour, quand elles font vn peu fortes, elles fe difperfent par tout l'Arbre. Vous quitterez toute forte de befogne pour courir à celle là comme à la plus neceffaire de tout le Iardin, qui ayant efté affligé de ce venin là vne Année, s'en reffent plus de trois autres apres.

Il ne refte plus de ce traitté, qu'à vous donner la recepte que je vous ay promife pour compofer la Cire à couurir les Entes. Vous prendrez demie liure de Cire neufue, autant de poix de Bourgogne, & deux onces de Therebentine comnnune, ferez fondre le tout enfemble dans vn pot neuf de terre qui foit verniffé, en les remuant fouuent; Vous laifferes refroidir cette compofition l'efpace d'vn demy jour, puis la romprez par morceaux, la tenant dans l'eau tiede l'efpace de demie heure, la maniant & dérompant entierement, pour eftre plus facile à appliquer. Vous pourrez auffi tremper

H

de la Toille dans cette compofition, que couperez comme emplaftres propres à la playe de vos Arbres, & cela vous épargnera beaucoup de cette cópofition, d'autant qu'il n'y en entrera pas tant qu'en morceaux ; Vous vous feruirez auffi de cette Thoille pour couurir la fente de vos Arbres qui refte entre les deux greffes pour la preferuer de l'eau, & vous en enueloperez auffi la poupée par deffous la Terre, cela vous affeurera que l'eau ne pourra nuire à voftre greffe.

Il y a quelques curieux, qui pour faire nouer & arrefter les Fruicts aux Arbres qui ne font que fleurir, percent de part en part le Tronc de l'Arbre par le milieu, auec vne Tarriere de la groffeur du doigt, & frappent dedans vne cheuille de bois de Chefne tout à trauers; Ils tiennent que cela arrefte le Fruict, je m'en rapporte à ce qu'ils en difent ; Efprouuez-le fi vous voulez la peine n'en eft pas grande, & vous ne hazarderez point voftre Arbre.

CATALOGVE

DES NOMS DES FRVITS dont nous auons connoissance au Climat de Paris.

Poires desquelles le Fruict est en sa maturité dans la fin du mois de Iuin, & en Iuillet.

Petit Blanquet.
Hastiueau de plusieurs sortes.
Muscadille, ou sept en gueulle.
Saint Iean Musqué.

En Juillet & en Aoust.

Gros Amyret.
Petit Amyret.
Amyret Ioannet.
Bonnes deux fois l'An.
Camouzines.
Chere à Dame Musqué.

Chere à Dame vert.
Citron.
Cocquin Rozat.
Cuisse Madame.
De Maderes.
Desgranges Iaune.
Deux Testes.
Douces de deux sortes.
Du Vacher Rozatte.
Espargne.
Friquet.
Fin Or à longue queuë.
Fin Or d'Orleans.
Fin Or, gros, rond, & Rozat.
Glouttes de Gap.
Magdelaine.
Muscat à longue queuë.
Muscat en Perle.
Grosse Musquée blanche & jaune.
Grosse Muzette.
Petite Muzette.
Perdreau.
De Perle.
Pernant Rosat.
Prouence.

FRANÇOIS.

Pucelle de Xainctonge.
Realles Vertes.
Rozatte de trois Couleurs.
Rozatte Rouge foitée de Vert.
Royalles Rozattes.
Roy d'Eſté.

En Aouſt & Septembre.

AMAZONES.
Amours.
Armentieres.
Amydon.
Baulme.
Beau-Pere.
Belles & bonnes.
Bergamotte d'Eſté.
Gros Blanquet.
Bœurée d'Aouſt de longues & de rondes.
Bœurée Verte.
De la Beuueriere.
Bon-Chreſtien d'Eſté Vert.
Bon Micet de Coyeux.
Brutte-Bonne.

Bezy de Monuilliers.
Cadet.
Caillou Rozat Musqué.
Chair de fille.
De Cire.
Citre.
Coulle-soif ou Moüille-bouche.
Dauerat Rozatte.
Dorées.
Eschelettes blanches.
Espice.
Forest.
De Fosse
Fourmy-Musqué.
Galleuzes.
Garbot Rozat.
Gasteau.
Giacçole di Roma.
Gillette Longue.
Graccioli rouge & rond.
Grasses.
Ialouzie.
Iargonnelle.
Ioüars.
De Merueille, Rouge & Iaune.

Milan.
Muscadelle de Piedmont.
Muscat Rond & Rozat.
Muscattes de Nançay.
Nouuelet d'Esté.
Oignon d'Esté.
Oignonnet Musqué.
D'Or.
Orenge de Xainctonge Rouge, fort grosse.
Orenge Iaune pannachée de Rouge en Tulipes.
Orenge noüées en Bigarades.
Orenge plat & Vert.
De Palme Isle de Canarie.
Passe-bon de Bourgogne.
Pepin.
Piedmont Blanches & Rouges.
Portugal d'Esté.
Putes.
Rozatte de Xainctóge de trois sortes.
Rozatte d'Ingrande.
Tozatte, rôde, verte & Rouge meslée.
Rozatte Rousse de Xainctonge.
De Rozes ou Bœuré hastif.

Sanguinolles.
Sauuages douces.
Soreau.
Sucre.
Sucrin Blanc.
Treforiere.
Trompe friand.
* Turquie.
Vallée.
Villaine d'Anjou.
Villaine de la Reatte.

En Septembre & Octobre.

ANcy.
Angleterre.
Bec d'Oye.
Bœurée longue & Verte.
Cailloüat de Champagne.
De Caluille Mufqué.
Canelle.
Cappon.
Clairuille longue.
Certeau d'Efté.
Crapault.
      Efpine.

Espine.
Fontarabie.
Galopé.
Girofla.
De Girofle rond.
Grain.
Guamont-Rozatte.
Haute-Saueur.
Iargonnelle d'Automne.
Keruille-Rozatte.
Gros Richefrion.
Petit Richefrion.
Lombardye.
De Meilleraye.
Au Mouches ou Bœuré tendre.
De Monsieur.
Petit Moüille bouche.
Musquée.
De la Moutieres de Daulphiné.
Nostre-Dame.
Oignon de Xaintonge.
Poictiers.
Rebets.
Roland.
Gros Rousselet de Rheims.

Petit Rousselet.
Rozattes longues semées de rouge.
Deux sortes de Rozattes vertes.
De S. Michel.
De S. Sanson.
Sans nom de Champagne.
Saulsinottes.
Septembre Rozattes.
Supremes.
De Trois gousts.
Trouuées.
De Vendanges.
Ysambert.
Yuelin.

En Octobre & Nouembre.

A MADOTTE.
D'Argent.
Cornemuse.
Glace.
Grosse Queuë.
Laide-bonne.
De Madame.
Marion d'Amiens.

De Messire Iean vert.
Messire Iean gris.
De Milord.
Petit Mouille bouche d'Automne.
De Pesches.
Pucelle de Flandre.
Double Pucelle.
Robine.
Roy du Saulçay.
Roy Musqué tout jaune.
Saffran Automnal.
De Seigneur.
De Soleil.
Tant-bonnes.
De Vigne.
Virgoulette.

En Nouembre & December.

ALEAVME.
Bergammotte musqué long.
Bergammotte rond.
Bezy-Dairy.
Carisy.
Cartelle double.

Chat bruflé.
De la Charité.
Eftouppes.
Fuzée.
Girogille.
De Noftre-Dame.
Orange d'Automne.
Pucelle d'Hyuer.
Roy Automnal.
Sans Pair.
Sucrin blanc.
Sucrin noir.

En Decembre & Janvier.

ANONIMES.
Bergammotte de Gafcogne.
Bon Chreftien Mufqué.
Bonne Foy.
Cadillac.
Certeau-Madame.
De Liure.
Efcarlatte.
Figue.
Franc-Real.

FRANÇOIS
Gros Mesnil.
Martin sec.
Messire Iean d'Hyuer.
Milan.
Oygnonnet à courte queuë.
D'Orient.
Plomb.
Roy Roux.
Saffran Rozat.
S. Denis Rozat.
Santé.
De Saulcisson, seblable à vn Ceruelas.
Torturé de deux sortes.
Trompe-Coquin.
Voye aux Prestres.

En Ianuier & Febvrier.

ALENÇON.
D'Ambre.
D'Amours.
Bezy de Priuillier.
Bezy de Quassoy.
Bœurée d'Hyuer de Xaintonge.
Bœurée des Yucteaux.

I iij

Bouuart.
Caillotet Musqué.
Cailloüat de Varennes.
Caillou rozat d'Hyuer.
Carcassonne.
Gros Certeau.
Petit Certeau croche.
Chasteau-Gontier.
De Condom.
Petit Dagobert.
Dagobert de Miossan.
Dame Houdotte, poire de graine.
Eschellettes rouges.
Fin Or d'Hyuer.
Florentine Rozatte.
Fremont.
Fuzée d'Hyuer.
Garay d'Auxois.
Gourmandine.
Hongrie tres-grosse.
Legat d'Hyuer.
Limon doux.
Longue Verte de Berny.
Micet.
Moüille bouche d'Hyuer.

FRANÇOIS.

Muscat à queuë de Chair.
Muscat de Mazeray.
Muzette d'Hyuer.
Nanterre.
Oignon de S. Iean d'Angely.
Orenge d'Hyuer.
Perigord Rozatte.
Plotot.
Portail.
De Prince.
De Prunay prés Sillery.
Rabu blanc.
Ratot gros & petit.
Rozatte de Xaintonge.
Rozatte de la Mazuere.
Suisses à bandes rouges, jaunes.
Verdureau.
Villaine d'Hyuer.

En Febvrier & autres Mois suiuans jusques aux nouuelles.

BEzy.
Bon Chrestien tardif.

Gros Chrestien.
Calo Rozat.
Chesne-Gallon de plusieurs sortes.
Double-Fleur.
Gastelier.
Gros Kairuille.
Liquet.
Longue vye.
Longues vertes.
Musc.
Parmein.
Pucelle d'Hyuer.
Rille.
Saffran d'Hyuer.
Sans Pair.
De Thoul.
Gros Trouué.
Petit Trouué.

Pommiers Hastifs.

Caluil blanc.
Caluil clair.
Caluil rouge.

Camoises blanches.
Carmagnolles.
Chastaigner tendre.
Clicquet.
Petit Courpendu rouge.
Gros Cousinot.
Cousinottes longues.
Cousinottes rondes.
D'Enfer, ou Noires.
Escarlatte.
Espice.
Fleur de May.
Framboisées.
Giradottes.
Glacées.
Gros œil.
Lugelles.
Magdelaine.
Mignonne.
De Neige.
Nostre-Dame.
Oblongues Lissées.
Orgeran.
Passepommes de plusieurs especes.
Pommasses.

Rambourg blanc.
Rambourg rouge.
Reinette hastiue.
Royales.
Rozée.
Grosse rouge de Septembre.
Rouges tendres.
S. Iean de deux sortes.
Pommes à Trochets.
De Vignancourt.
Violettes de Mars.

Pommes de Garde.

GRos Apis.
Petit Apis.
Apioles.
Apium.
Babichet.
Gros blanc.
Blanches Glacées.
Petit bon.
De Bretagne blanc.
De Bretagne rouge.
De Cardinal.

FRANÇOIS 107
Camuefas.
Chaftaigner d'Hyuer.
Citron.
Coqueret de plufieurs fortes.
Courpendu dur.
Courpendu rouge.
Courpendu roux.
Dieu.
Douëttes.
Drap d'or de Bretagne.
Eftrangeres.
Fenoüillet blanc.
Fenoüillet roux.
De Fer.
Groffe femme.
Haute bonté.
Hurluua.
Iayet.
De Iudée.
De Malingres.
Mattranges.
Paffepommes d'Hyuer.
Pigeonnet.
Poires-Pommes.

Raefles.
Reinette d'Auuergne.
Reinette de Mafcons.
Reinette grife.
Reinette platte.
Robillard.
Rouzeau d'Hyuer.
De Rozes.
Pommes fans fleurir.
Santé.
De Seigneur.
Vermeillon.

Pruniers Haſtifs & Tardifs.

ABRICOTINES.
Abricottées.
Ambre.
Gros appetit.
Beſſonne,
Blanche de Touſſainɛts.
Bloſſes.
Bonnes à Noël.
Brignolles de Prouence.
Brignolles citronnées.

Cerizettes blanches.
Cerizettes rouges.
Citron rondes.
Citron pointuës.
Cœur de Pigeon,
De Cypre.
D'Amandes.
Gros Damas blanc.
Gros Damas double.
Damas gris tardif.
Damas noir hastif.
Damas noir Musqué.
Damas Violet.
Dattes blanches.
Dattes rouges.
Datilles.
Grosse Datille.
Diaprée blanche & noire.
D'Escarcelle.
A fleur double.
Haute bonté.
De Ioinuille.
Iorases.
Grosse Imperialle.
Imperialle rond.

Ifleuert.
Maximilianes.
De Merueille.
Mirabelles.
Mirabolans.
Miroir.
Moyen d'œuf.
Moyeu de Bourgongne.
De Monfieur.
Montmiret.
Mufquée.
Paffe-veloux de Valençay.
Perdrigon blanc.
Perdrigon noir.
Perdrigon rouge.
Perdrigon tardif.
Perdrigon vert.
Trefgros Perdrigon violet.
Poiĉtron.
Raifinettes ou Prunes à grappe.
De la Reine Claude.
Rognon de Cocq.
De Rome.
Rondes tardiues.
Roy de Breffe.

Saint Anthonin,
Sainte Catherine.
Saint Cir.
Saint Iullien blanc.
Saint Iullien noir.
Grosses Saluces de deux sortes.
Sans noyau.
Simiennes.
Trudennes noires.
Trudennes rouges.
Des Vaccations.
De Vendanges noires.
Verdaces.

Peschers & Pauies.

GRosses Alberges,
Petites Alberges.
Alberges de Prouence.
Pesches-Amandes.
Pauies d'Ambre.
Angelicques.
Auant-Pesches blanches.
Auant-pesches jaunes.
Gros Brignons de Bearn.

Brignons Musquez.
Pesches-Cerizes.
Pesches de Corbeil.
Dure d'Hyuer.
A fleur double.
De Gaillon tresbelles.
Pauies jaunes.
Pauies de Magdelaine.
Pesches de Magdelaine.
Mircottons blancs.
Mircottons jaunes.
Mircotons de Iarnac.
Pesches-Noix.
Parcouppes.
De Pau.
Pesches-Prunes.
Pauies-Raues.
Pesches-Raues.
Persiques.
Persilles.
Rossanes.
Scandalis blanc.
Scandalis noir.
Toute jaune.
De Troye.

De

De Vigne Fromentée.
Violettes.

Cerizes Bigarreaux et semblables.

BIGARREAVX.
Cerizes blanches.
Cerizier à fleur double.
Cœurs.
Griottes.
Guindoux.
Guines blanches.
Guines noires.
Merizier à fleur double.
De Montmorency à courte queuë.
Precoces.
A Trochets.
De Toussaincts.

Figues.

BLANCHES.
Bourjassotes.
Bourno-Saintes.
Fleur.

K

Gourrauau de Languedoc.
De Marseilles.
Naines blanches.
Naines violettes.
Blanches.
Violettes.

Orengers.

BIGARRADES.
De la Chyne.
D'Espagne.
De Gennes.
De Prouence.

Citrons.

LIMONCHALLI.
Limoni Cedri.
Limoni Dorsi.
Limoni di Gauita.
Limons doux.
Pommes d'Adam.
Poncilles.
Spada fora à fueilles de Laurier.

FRANÇOIS.

Autres Arbres Curieux.

ARBOVZIER.
Azarollier,
Carroubier.
Cornouillier.
Iujubier.
Mirabolans d'Affrique.
Nefles sans noyau.
Pistachier.
Vinottier sans pepin.

LE
IARDINIER
FRANÇOIS.
TRAICTE' II.

*Des Melons, Concombres, Citroüilles
& Potirons.*

SECTION PREMIERE.

Vis que les Melons sont les plus precieux Fruicts que vous pouuez recueillir dans voſtre Iardin Potager; il eſt fort à propos de les mettre en teſte de ce Chapitre, & vous donner vne inſtruction tres-ample, de quelle façon ils ſe doiuent

gouuerner, particulierement au Climat de Paris, qui est celuy duquel je me suis proposé de vous escrire, laissant les autres, qui par leur difference, vous pourroient apporter du douté, si je confondois la maniere qu'ils s'esleuent és païs chauds, auec celle du nostre qui est temperé, & plustost froid à l'égard de ces Fruicts delicats.

Pour paruenir à nostre intention qui est de les auoir bons, vous serez soigneux de rechercher des Graines de tous costez ; (d'Italie, de Lion, de Tours, d'Anjou, de Champagne, & d'autres lieux où on se pique de bonne Melonniere, & de toutes les Especes comme, Sucrins, Morins, Melones, Grenots, Ouuragez, Langez & autres: mesmes de serrer celles, dont aurez mangé le Fruict, qui vous aura semblé de bonne Seue ; Car tel les aime d'vn goust, que l'autre rejettera, & tiendra pour desagreable, L'vn aimera à les mâger vn peu verts, & l'autre les voudra fort meurs;

partant vous vous en fournirez principalement de ceux où se portera voſtre appetit; & remarquerez ceux que voſtre Terre nourrit le mieux, & meurit le pluſtoſt; c'eſt où vous viſerez ſur tout, car bien ſouuent dés le mois d'Aouſt, il vient des Pluyes qui les perdent entierement, les rendant ſans odeur, ſans ſaueur, pleins d'eau, incapables d'eſtre mangez, & meuriſſans tous d'vn meſme temps; n'eſtans propres qu'à donner aux Cheuaux, qui les aiment paſſionnement: Bref ces Pluyes deſpoüillent, & font ceſſer voſtre Melonniere, où l'on aura pris tant de ſoin, & le trauail de cinq ou ſix mois, ſe trouuera perdu ſans auoir eu le contentement que vous en eſperiez ; C'eſt pourquoy il vous faut eſſayer d'en auoir de bonne heure, pour preuenir ces meſcontentemens.

Aux païs où l'on en fait beaucoup auec peu de ſoin, les mettans en pleine Terre comme vn Chou; ſi toſt qu'il eſt venu des Pluyes ils n'en mangent plus, & croyent que ce leur feroit vn poiſon.

Pour commencer donc voſtre Melonniere, vous choiſirez dans l'enceinte de voſtre Iardin, le lieu le plus à l'abry du mauuais vent, que clorrez d'vne Haye faite auec du Foarre long, lié par paillaſſons, & bien affermie auec de bons pieux dans Terre, de crainte d'eſtre renuerſée par les vents; elle ſeruira de cloſture & d'abry tout enſemble.

Il y aura vne porte pour l'entrée, qui fermera à Clef, pour empeſcher que toutes ſortes de perſonnes n'y aillent toucher, & particulierement pour interdire l'entrée aux Filles & aux Femmes, en certains temps que le reſpect m'empeſche de declarer.

Dans ce Parc, qui ſera de telle grandeur que deſirerez auoir plus ou moins de Melons ; vous ferez des couches de Fumier de Cheual qu'aurez

FRANÇOIS.

rez amaſſé durant l'Hyuer, à meſure que l'on le tire de l'Eſcurie, & que vous aurez fait mettre en monceau proche de voſtre Melonniere.

Vous commencerez par dreſſer vne Couche pour les Semences, prenant du Fumier ſortant tout chaud de deſſous les Cheuaux, & de celuy qui ſera en monceau, les entremeſlant enſemble, afin que le chaud rechauffe l'autre.

Vous ferez voſtre Couche toute de la longueur de la Melonniere, de quatre pieds de large ſeulement, laiſſant vn ſentier tout autour de trois pieds de large, pour y remettre du Fumier chaud, quand vous vous apperceurez qu'elle aura paſſé toute ſa chaleur, & qu'elle ſera morfonduë: Cette Couche eſtant dreſſée bien également, & pilée auec les pieds pour la faire eſchauffer; vous mettrez par deſſus, enuiron quatre poulces de haut, de petit Fumier de vieille Couche, ou Terras, meſlé auec quelque

L

peu de la meilleure Terre que vous
ayez ; vous la drefferez par les coftez,
en tenant vn aix fur le cofté au bord
de la Couche, & foulant vn peu le
Terras auec la main contre l'aix l'on
affermira & dreffera-on vniment ce
Terras.

Voftre Couche, ou Forme, eftant
acheuée, de la hauteur de trois pieds
ou enuiron ; vous la laifferez efchauf-
fer & paffer fa plus grande chaleur,
qui durera deux ou trois jours, plus
ou moins, felon que le temps y fera
propre ; la force de fa chaleur eftant
paffée, ce que vous reconnoiftrez par
la Couche qui s'affaiffera, & auffi en
fourant voftre doigt dedans le Terras,
vous jugerez fi elle eft propre à femer;
car fi vous n'y pouuez durer le doigt,
elle eft encore trop chaude ; il faut
qu'elle foit tiede, mais non pas toute
froide ; & en cas qu'elle euft paffé
toute fa chaleur, & fuft morfonduë,
vous la refchaufferez , en mettant
dans les fentiers du Fumier tiré

chaud de deſſous les Cheuaux.

La Couche eſtant en bon eſtat, & voſtre graine ayant trempé deux fois vingt-quatre heures, dans de bon vin, ou vinaigre, ou bien du laict de vache, mettant chaque eſpece à part; vous la ſemerez ſur vn bout de voſtre Couche, reſeruant le reſte pour les autres graines que je diray cy-apres.

Vous ferez ſur voſtre Terras, de petits traits auec le doigt, en trauers de voſtre Couche, diſtans de ſix poulces en ſix poulces, & les plus droits que vous pourrez : Ou bien prendrez vn baſton bien droit, & le poſant ſur voſtre Couche, appuyerez deſſus; il marquera ſuffiſamment le traict : ſur chaque traict vous ferez ſix trous, en enfonçant le bout de vos doigts, joints enſemble en forme de Cul de Poule; & dans chaque trou, vous y mettrez trois ou quatre Grains de Melon tout d'vne eſpece.

Sur l'interualle de cét eſpace de demy pied, que je vous ay fait laiſſer;

L ij

vous y femerez de la Laictuë, pour manger en Sallades nouuelles, & du Cerfueil en quelques-vnes : Vous femerez auſſi du Pourpier tout autour, ſur le bord de voſtre Couche; toutes leſquelles Herbes, leueront & ſortiront de Terre en fort peu de temps; & feront arrachées, de crainte d'eſtouffer les Plantes de Melons; cela leur feruira de farclement, & de Labour tout enfemble.

Vous couurirez voſtre Couche toutes les Nuicts, & dans le mauuais temps, auec des Paillaſſons, qui porteront ſur des trauerſes de bois de la groſſeur d'vn Eſchallats, leſquels feront ſouſtenus auec des Fourchettes, fichées dans Terre au bord de la Couche: l'on laiſſera demy pied, ou peu moins d'eſpace, entre les Paillaſſons & la Couche : En cas qu'il furuienne quelque Gelée, ou Neige; vous boucherez les coſtez entre voſtre Couche & les Paillaſſons auec de grand Fumier ſortant de deſſous les Cheuaux.

FRANÇOIS.

Si voſtre Graine ſe bruſloit, par la trop grande chaleur qui ſeroit de la Couche, (ce que vous reconnoiſtrez en peu de temps, car elle doit faire leuer les Graines promptement;) vous reſemerez tout de nouueau, rechauffant voſtre Couche par les coſtez auec du Fumier bien chaud.

Le vray temps pour ſemer les Melons, eſt la Pleine Lune de Fevrier.

Quand ils ſeront leuez, vous les couurirez auec des Verres à boire, laiſſant quelque peu d'air, entre la Terre, & le Verre, de peur que le plan s'eſtouffant ne jauniſſe : Vous les laiſſerez croiſtre juſques à la quatriéme fueille, auant que de les replanter:

L'on les replante en trois façons; La premiere, en faiſant des Couches à coſté de celles à eſleuer le plan, & toutes ſemblables, à la reſerue qu'il ſuffira de faire des trous dans le milieu, de trois pieds, en trois pieds, & y mettre dans chacun enuiron vn boiſſeau de Terras, ſans en mettre

L iij

par toute la Couche, & dans ce Terras y planter vos Melons, les ayant leuez de deſſus voſtre Forme, auec la plus groſſe motthe que vous pourrez : Le ſoir à Soleil couchant & apres, ſera le vray temps que vous prendrez pour ce faire, & s'il ſe peut que ce ſoit par vn beau jour, voſtre Plan s'en portera mieux : Vous luy ferez vn Abry, à ce qu'il ne voye le Soleil de quatre ou cinq jours, & vous ne l'arrouſerez que les quatre ou cinq premiers jours apres que l'aurez replanté ; encor ſera-ce ſi vous voyez qu'il patiſſe, ce que vous reconnoiſtrez par les fueilles qui ſe laiſſeront aller ſur Terre ſans ſe ſouſtenir. Au bout duquel temps vous y mettrez des Cloches de Verre, qui y ſeront juſques à ce que le Fruict ſoit déja gros, & autant de temps que la plante pourra tenir ſous la Cloche, laiſſant toûjours vn peu d'air par deſſous, de crainte que la plante ne s'eſtouffe.

Depuis les dix heures du matin jufques à quatre heures apres Midy, vous pourrez leuer vos Cloches de deſſus vos Melons pour les fortifier contre les mauuais temps, & vous les recouurirez ſur le Soir.

Il arriue par fois des Greſles qui caſſent toutes les Cloches, c'eſt pourquoy l'on en doit auoir de faites auec du foarre, pour couurir celles de Verre, en cas que l'on voye venir quelque Orage, & pendant la nuict auſſi pour éuiter tel accident.

Quelques vns font faire des Cloches de Terre, mais je ne trouue aucune raiſon en leur procedé, car le Soleil ne penetre pas cette Terre, comme il fait à trauers le Verre ; ils peuuent dire que c'eſt pour la Nuict ſeulement, & en cas de Greſle.

Vos Melons ſe fortifians, vous choiſirez les principaux jets de chaque pied (qui feront autant qu'il y aura de Grains germez,) les autres rejets vous les chaſtrerez, & quand

L iiij

vous verrez qu'il y aura trois ou quatre Melons noüez fur chaque jet, vous arrefterez la Plante, la rognant vn nœud au deffus de celuy où eft le Fruict. Vous eftendrez fur voftre Couche de cofté & d'autre les jets de la Plante, pour à leur aife pouuoir nourrir le Fruict: Quand il fera de la groffeur du poing, vous mettrez quelque thuile deffous, afin qu'il fe façonne & ouurage mieux par la reflexion que le Soleil fait fur la Thuile, ce qu'il ne feroit pas fur le Fumier: outre ce il eft plus feichement, & participe moins de la mauuaife qualité du Fumier.

Vous ne fouffrirez qu'aucun petit jet nouueau tire la Seue de la Plante, mais le rognerez; fi ce n'eft que voftre Fruict fuft trop defcouuert, & qu'il euft befoin de quelque fueille pour fauorifer fon accroiffement.

La feconde methode de tranfplanter des Melons, eft de faire dés la fin de l'Efté des foffez de deux pieds de profondeur, fur quatre de large, (les Tourangeaux appellent ces fortes de foffez des Anjoux) & laiffer vne efpace d'autre quatre pieds entre-deux, pour jetter les Terres que vous accommoderez en dos d'Afne ; puis dans le foffé y mettre du court Fumier, Terrier bien pourry, & des Curures de foffez tirées de deux ou trois ans : Au mois d'Avril l'Hyuer ayant bien meury le tout, vous ferez befcher & bien mefler la Terre qu'aurez mis en ados entre vos foffez, auec ces Fumiers du fonds, y adjouftant encore d'autres Fumiers bien pourris, & remplirez entierement vos foffez : Vous empefcherez auffi l'Herbe d'y venir, jufques ce que en la faifon, vous y replantiez vos Melons en la maniere que je vous ay montrée cy-deffus.

Il y a vne troifiéme maniere bien plus facile, dont je me trouue mieux que des premieres, & j'ay tous les ans eu des Melons en quantité & de haute

Seue, (mais j'en attribuë la principale cause au fonds de mon Iardin, qui est vn sablon amendé de long-temps :) L'on n'y fait autre façon, sinon de donner deux ou trois labours à la Terre, deuant & apres l'Hyuer; & au temps de replanter, l'on fait des Trous au milieu des Planches, dans lesquels on met vn boisseau de petit Fumier de vieille Couche, & dedans l'on plante, comme j'ay enseigné cy-deuant.

Il ne reste plus à vous montrer à present, que de connoistre quand vostre Melon sera bon à cueillir : Vous reconnoistrez sa maturité quand la queuë semble se vouloir destacher du Fruict ; quand le petit jet qui est au mesme nœud se desseiche; & quand en les fleurant vous y trouuez de l'odeur ; Mais ceux qui ont de coustume d'estre dans les Melonnieres, le jugent à l'œil, remarquans vn changement de couleur au Fruict, qui le tesmoigne estre en sa maturité, par vne jauniſſe qui eſt entre les coſtes.

Les Melons qui s'ouuragent ou brodent ſont ordinairement douze ou quinze jours à ſe façonner, auant que d'eſtre meurs.

Pour la cueillette, elle ſe fera à meſure qu'ils ſe tournent ; ſi c'eſt pour enuoyer au loin, vous les cueillirez dés l'inſtant qu'ils commenceront à tourner, car ils s'acheueront de meurir par le chemin : Si c'eſt pour manger promptement, vous les prendrez bien meurs ; les plongerez dans vn ſceau d'eau frais tiré du Puits, & les laiſſerez raffraiſchir comme l'on fait le vin ; à cauſe qu'en ſortant de la Melonniere, ils ſont eſchauffez du Soleil, & ſeroient deſagreables à manger ; les autres que cueillerez à meſure qu'ils meuriront, ſeront poſez ſur quelque Aix en lieu frais, & ſeruis ſelon leur maturité.

Il faut s'aſſujettir à viſiter la Melonniere au moins quatre fois le jour, au temps que les Melons meuriſſent: Autrement ils ſe paſſeroient de meurir & ne ſeroient ſi friands, mais mollaſſes & pleins d'eau.

Reſſouuenez-vous de reſeruer la graine de ceux qui vous auront ſemblé bons, comme je vous ay aduerty cy deuant, & la conſeruez bien, car elle eſt beaucoup meilleure de deux & trois ans que d'vn.

Les CONCOMBRES ſe ſement, & eſleuent, ſur la meſme Couche, & en meſme temps que les Melons; ayant premierement fait tremper la graine dans de bon laict de Vache.

Il y en a de blancs, & de verts que l'on nomme Perroquets, meſme la graine des blancs degenere en Perroquets: C'eſt-pourquoy vous reſeruerez des plus beaux & plus longs de vos Concombres pour la Graine; que vous laiſſerez meurir ſur le pied, juſques à la fin de la Plante, qui ſera aux premieres Gelées.

L'on les tranſplante auſſi comme

les Melons sur Couche, & en pleine Terre ; ils veulent estre beaucoup arrousez pour leur faire pousser quantité de Fruict. L'on leur ostera les jets superflus & qui n'ont que de faulses fleurs, qui ne portent point de Fruict.

Les premieres fraischeurs, leur font venir le meusnier, qui est que les fueilles se farinent & blanchissent, cela tesmoigne qu'ils sont proches de leur fin.

Pour la cueillette, elle se fera à mesure que vous en aurez affaire, grossissans toûjours, mais aussi s'endurcissans; & la graine se formant dedans, les rend plus desagreables au manger : leur vraye bonté est auparauant qu'ils commencent à jaunir.

Les CITROVILLES s'esleuent aussi sur la Couche, se replantent comme les Melons, & Concombres, mais plus communement en pleine Terre : Vous les placerez en quelque endroit de vostre Iardin assez spatieux, à cause de leurs jets qui se trainent par fois affez loin fans noüer du Fruict.

Pour les replanter vous ferez des trous fort efloignez les vns des autres, comme de deux Thoifes, & mettrez à chacun deux boiffeaux de petit Fumier, à caufe de la force de la Plante, & les ferez bien arroufer.

Leur cueillette eft quand elles font en parfaite maturité, que l'on appelle Aouftées ; Elles ne fe gaftent point fur la Terre, mais fe meuriffent de plus en plus.

Aux premieres fraifcheurs l'on les cueillira le matin, les mettant effuyer en monceau à la chaleur du jour ; puis l'on les ferrera en lieu temperé de chaud & de froid, fur des Aix, fans fe toucher, & fur tout on les gardera de la Gelée, car elles feroient entierement perduës.

Si vous en auez par trop, ou plus qu'il n'en eft de befoin pour nourrir voftre famille, vous en mettrez dans le pain du commun, mefmement dans le voſtre : Pour ce faire, vous ferez boüillir la Citroüille de meſme façon que celle que l'on fricaſſe, vn peu plus cuitte, puis eſgoutterez l'eau & deſtremperez voſtre farine auec cette Citroüille, & en ferez le pain ; il en ſera plus jaune, de meilleur gouſt, vn peu gras cuit, & eſt tres-ſain pour ceux qui ont beſoin de raffraiſchiſſement.

Les POTIRONS blancs & colorez, Bonnets de Preſtre, Trompettes d'Eſpagne, & autres fruicts ſemblables, ne deſirent autre gouuernement que les Citroüilles ; ſinon qu'aucuns veulent eſtre ramez, & non rampans deſſus la Terre.

Quant à leur Graine, comme auſſi celle des Citroüilles, elle ne ſe recueille qu'à meſure que lon deſpece les Fruicts, pour eſtre mangez ; & il la faut bien eſſuyer, la ſecher à l'air, puis la ſerrer de crainte des Souris, qui la mangent comme celle des Melons & Concombres.

Des Artichaux, Cardons & Asperges.

SECTION II.

L'ARTICHAVLD est vn des excellens Fruicts de tout le Iardin Potager, & recommandable non seulement à cause de sa bonté, & diuers apprests que l'on luy donne ; mais encore pource que l'on y prend long-temps du Fruict.

Il y en a de deux sortes, de Violets & de Verts ; les Oeilletons qui sont à costé des vieilles Souches seruent de Plan; lequel veut estre logé en bonne Terre, bien effondrée, Fumée, & Labourée de deux ou trois Labours; les Gelées estant passées l'on plantera ces Oeilletons les ayant separez de la mere, auec le plus de racines que l'on pourra pour la facillité de la reprise; s'ils sont forts ils porteront dés l'Automne ensuiuant.

Vous

FRANÇOIS.

Vous les planterez à quatre ou cinq pieds l'vn de l'autre, selon la bôté de la Terre, car si elle est sablonneuse & legere, il les faudra planter plus dru; si elle est Forte, d'autant que les fueilles en viendront plus grandes, le Fruict plus gros, & qu'ils jetteront plus de regains; aussi faudra-il qu'ils soient plantez à plus grande distance.

Ils ne veulent autre culture auant l'Hyuer que d'estre labourez par fois pour en estranger l'herbe.

L'Hyuer vous les couurirez pour les preseruer de la Gelée, pour ce faire l'on s'y gouuerne de diuerses façons : Les vns apres auoir couppé toute la Plante à vn pied prés de Terre, & rassemblé toutes les fueilles (comme l'on fait la Chicorée pour blanchir) se contentent de les butter en forme de grosse Taulpiniere, laissant passer le haut des fueilles de deux doigts seulement, pour ne pas estouffer la Plante; & mettent par dessus du grand Fumier pour parer les Gelées & que la Pluye n'entre dedans.

Les autres font des rayons entre deux rangées & jettent la Terre en forme de dos d'Afne fur les Plantes les couurant à deux doigts prés, comme j'ay dit cy-deuant.

Et les autres n'y mettent que de grands Fumiers autour de chaque Plante, & fi ils ne laiffent pas de leur faire paffer l'Hyuer fans peril : toutes ces trois façons font fort bonnes chacune ayant fa raifon pourquoy.

Vous les butterez le plus tard que vous pourrez, de crainte qu'ils ne pourriffent, mais auffi prenez garde que quelques fortes Gelées ne vous furprennent, fi vous en auez beaucoup à gouuerner.

Si vous voulez auoir du Fruict dans l'Automne, il ne faudra que coupper la tige des premiers qui auront porté du Fruict au Printemps, de peur qu'elle ne jette des regains, & dans l'Automne ces fort pieds, ne manqueront de jetter de tres-belles Pommes pourueu que vous les entreteniez bien de labour, & que vous leur oftiez les Oeilletons qui tirent la fubftance de la Plante.

L'Hyuer eftant paffé vous defcouurirez vos Artichaux, non pas tout d'vn coup, mais peu à peu, de crainte que les fraifcheurs ne les gaftent, à caufe de la tendreffe qu'ils ont ayans efté eftouffez dans la Terre ; il faudra s'y mettre à trois reprifes, de quatre en quatre jours ; au bout defquels vous les labourerez & defchaufferez bien les defchargeant de plufieurs petits Oeilletons, & n'en laiffant à chaque pied que trois des plus forts pour porter du Fruict.

Pour tirer des Cardes d'Artichaux, vous vous feruirez des vieils pieds que vous voudrez ruiner, car il eft bon de cinq en cinq ans de planter vn nouueau quarré d'Artichaux, à caufe que la Plante a effritté la Terre & ne produit plus que de petites Pommes.

Les premiers Fruicts estans passez, vous rognerez vos Plantes à demy pied de Terre, & coupperez (le plus bas que vous pourrez) la Tige : Les Oeilletons pousseront de tres-grande force, & estans à trois pieds de haut, ou enuiron, vous les lierez auec de grand foarre, sans le serrer beaucoup, puis vous les entourerez de grand Fumier, cela les fera blanchir, & les pourrez laisser dans Terre, jusques aux grandes Gelées, que vous les cueillerez, & serrerez dedans la Caue, ou autre lieu exempt de la Gelée.

Vous en cueillerez de jour à autre ce qu'en aurez de besoin, commençant par les plus grandes, laissant les autres, qui s'enforciront en peu de temps ayans toute la nourriture de la Plante.

Quant aux Cardons d'Espagne, ils ne sont si delicats à gouuerner que les Artichaux, aussi ne produisent-ils des Cardes si douces, ny si tendres : on les lie de la mesme façon que les Artichaux pour les faire blanchir: Ils se sement de Graine & se replantent aussi d'œillettons. Les Fleurs des Cardons qui sont de petites barbes violettes, seichées à l'air, seruent à faire prendre le Lait, & le caillent côme fait la Presure: les Languedochiens, & les Espagnols s'en seruent pour cét vsage.

Les Asperges, se sement de graine sur vne Planche à part dont la Terre aura esté bien preparée par plusieurs Labours & bien fumée : à deux ans l'on les leue & l'on les transplante.

Pour les loger il faut faire des fossez de quatre en quatre pieds, & de deux pieds de profondeur, les bien aquarrir par le fonds, & jetter la Terre esgalement des deux costez, l'accommodant en dos d'Asne, puis donner vn bon Labour au fonds de vos fossez, y meslant de petit Fumier, & dresser ce labour bien vny par tout: par apres vous planterez vos Asperges au Cordeau à trois pieds l'vne de l'autre, deux plantes enfemble; vous les placerez tout au bord, de chaque cofté de voftre foffé; & ce d'autant que labourant les fentiers & petit à petit par fucceffion d'années les reduifant à pied & demy de large; la Terre fe jettera fur la planche, alors vous pourrez labourer plus d'vn bon pied de large de chaque cofté de vos Afperges, où la Terre eftoit efleuée; & par ainfi vos plantes jetteront beaucoup de racines du cofté des fentiers.

Vous en planterez entre ces deux rangées vne troifiefme dans le milieu de voftre pläche; il fera bon de la mettre en franc du quarreau, afin que les racines foient tant plus efloignées les vnes des autres.

Quelques Curieux mettent au fonds de leurs Tranchées des Cornes de Mouton, & tiennent comme pour chofe affeurée qu'elles ont vne fimpathie auec les Afperges; je m'en rapporte à ce qu'ils en ont experimenté.

Pour les labours, il ne s'en donne que trois par chacun an ; Le premier apres que les Asperges cessent de pousser; Le second au commencement de l'Automne ; & le troisiesme vn peu auparauant que les Asperges commencent à pousser.

A chaque Labour vous remplirez vostre planche d'enuiron quatre doigts de haut de la Terre de vos sentiers, & par dessus vous y ferez mettre deux doigts de haut de petit Fumier de vieille Couche.

Vous serez trois Ans, ou plus, sans coupper aucune Asperge afin que la plante se fortifie, & ne s'assouchisse point, autrement vous n'auriez que de petites Asperges : Si vous estes jusques à quatre ou cinq ans sans en couper, vous en recueillirez d'aussi grosses que de gros Poireaux. Apres lequel temps passé, vous en couperez incessamment, laissant les plus petites monter à graine, afin que la plante se fortifie d'autant plus.

Pendant les quatre années que vous ne couperez aucune Afperge (en obferuant à chaque labour ce que je vous ay dit) voftre plâche fe remplira, & vos fentiers eftans defchargez vous les pourrez labourer, y mettant deffous le labour, de bon Fumier bien gras.

Vous fçaurez que la Plante d'Afperge monte toûjours, & qu'apres que la Terre de vos fentiers aura efté jettée fur les planches; il fera neceffaire d'y apporter des Terres, (les dreffant fur la planche en forme de couuercle de Bahut) autrement vos Plantes demeureroient defcouuertes & periroient.

Pour cueillir vos Afperges, il faut ofter vn peu de Terre d'autour celles que voulez cueillir, de crainte d'en couper d'autres qui pouffent; puis vous les couperez le plus bas que vous pourrez; & prendrez garde d'offenfer celles qui font cachées, car ce feroit autant de perte, & ne feroit qu'affou-

FRANÇOIS.

qu'affouchir voſtre Plante.

Aux Plantes que vous verrez qui ne produiſent que de petites Aſperges, vous n'y couperez rien afin qu'elles ſe fortifient : comme auſſi vous laiſſerez monter à graine celles qui pouſſent à chaque Plante ſur la fin de la ſaiſon ; cela reſtaure entierement les Plantes de toutes les playes que vous leur avez faites en les deſpoüillant de leur Fruict.

Des Choux & Laictuës de toutes
eſpeces.

SECTION III.

IL y a de tant d'eſpeces de CHOUX, que difficilement vous vous reſoudrez à en avoir de toutes les ſortes en voſtre Jardin ; car cela occuperoit vne trop grande partie de voſtre Terre. C'eſt pourquoy vous choiſirez ceux qui ſeront les plus agreables à voſtre

N

gouft, & qui viendront les plus tendres, & les plus faciles à cuire: à cause que la Terre qui les produit & l'eau qui les cuit les rendent ou meilleurs ou moindres en bonté.

L'on nous apporte des Graines d'Italie, & nous en auons aussi de France ; celles d'Italie, sont les Choux-fleurs, les Romains, les Veronnes, les Choux-Raues, les Pancaliers, les Choux de Gennes ; les Frisez & autres.

De France, nous auons les Pommez de plusieurs sortes, & d'autres qui ne pomment point ; C'est-pourquoy je trouue fort à propos, de traiter de chaque espece à part, le plus succintement qu'il me sera possible, de crainte de vous ennuyer, ou de grossir par trop nostre Liure.

Les CHOVX-FLEVRS, comme les plus precieux de tous, seront mis icy les premiers ; La Graine nous est apportée d'Italie ; & les Italiens la reçoiuent de l'Isle de Candie ; & au-

tres endroicts du Leuant : ce n'eſt pas
que l'on n'en recueille d'aſſez bonne
en Italie & en France auſſi ;. mais elle
ne produit pas de ſi groſſes Pommes
ou Teſtes ; & eſt ſubjecte à degenerer
en Choux-Raues, ou Nauets. C'eſt-
pourquoy il ſera bon d'en auoir de la
meilleure de Leuant, ou par Amy, ou
par quelque Intelligence à Rome : les
Marchands Lingers, ou Gantiers
de Paris, vous pourront donner du
contentement en voſtre affaire, car
ils y trafiquent de leur Linge, Paſſe-
mens & Gands.

Pour connoiſtre la bonne Graine
(qui eſt la plus nouuelle) il faut qu'elle ſoit d'vne couleur viue, fort pleine
d'huile, bien ronde, & non pas ridée,
petite, ou deſſeichée; ce qui teſmoi-
gneroit qu'elle eſt vieille ; qu'elle ſoit
de couleur brune, & non pas d'vn
rouge-clair, qui feroit paroiſtre qu'elle n'auroit pas bien meury ſur le
pied.

Eſtant pourueu de bonne Graine

vous la femerez ou à la maniere d'Italie, ou de France. Pour la goüuerner à l'Italienne, l'on la feme dans des Quaiffes ou Baquets, durant la Pleine Lune d'Aouft; elle leue promptement de Terre & fe fortifie auant l'Hyuer; la Gelée venante, vous mettrez vos Baquets dans la Caue ou dans la Serre, jufques au Renouueau, qu'eftantes toutes paffées, vous replanterez vos Choux en bonne Terre; & par ainfi vous aurez des Pommes, belles, blanches, & bien conditionnées auparauant les grandes chaleurs.

Les Italiens n'attendent pas que les Pommes foient toutes en leur groffeur, mais peu auparauant ils les arrachent & les mettent à la Caue, enterrant toute la Racine & la Tige jufques à la Pomme, les rangeant cofte à cofte vn peu en penchant: Là ils s'acheuent de pommer & fe gardent fort long-temps au lieu que s'ils les laiffoient fur Terre, la chaleur les feroit monter à Graine.

Les François se contentent d'en auoir pour la fin d'Automne qu'ils conseruent pour l'Hyuer ; ce n'est pas que quand ils sont faits de bonne heure, qu'il n'y en ait quelques vns qui ne facent leurs Pommes vers le mois de Iuillet, mais les autres s'endurcissent par les grandes chaleurs, & demeurent sans profiter faute d'humidité ; ne produisant que de petites testes & le plus souuent point. C'est pourquoy vous en semerez peu sur vostre premiere Couche dans vostre Melonniere, en faisant de petits sillons à quatre doigts l'vn de l'autre, dans lesquels vous espandrez vostre Graine assez claire peur de confusion & la recouurirez de son Terras. Deux ou trois sillons seront plus que suffisans pour vous en fournir amplement.

Vers la fin d'Avril quand vos Melons seront hors de dessus la Couche, & replantez : Vous pourrez y resemer d'autres Choux-fleurs, (ainſi que je viens de dire;) leſquels feront leurs Pommes dans l'Automne, & feront ſerrez en lieu exempt de la Gelée, pour eſtre mangez pendant l'Hyuer.

Pour les replanter vous attendrez qu'ils ayent la fueille large comme la Paulme de la Main, afin qu'ils ſoient plus forts; vous leur rognerez le bout du Piuot, & les enterrerez juſques au collet; c'eſt à dire que les petites fueilles de la cime ne reſſortent que de trois doigts hors de Terre: ou bien pour m'expliquer mieux, vous les enterrerez juſques au dernier nœud d'enhaut. Encore faudra-il que vous faſſiez dans la Terre, comme de petits Baſſins, afin que quand vous les arrouſerez l'eau aille directement au pied, eſtant inutile au reſte de la Terre.

La vraye diſtance pour les replanter, eſt de trois en trois pieds, & deux rangs ſeulement à chaque Planche; l'on ſoignera à les ſarcler & labourer quand ils en auront de befoin, jufques à ce que les fueilles couurent la Terre, & eftouffent l'herbe qui pourroit pouffer.

Si vous voulez faire des Trous, à l'endroit où vous les planterez, & mefler de petit Fumier comme j'ay dit aux Melons & Concombres, vous en aurez plus de contentement, car ils feront la Pomme plus groffe.

Tous Choux (mefmement toute Plante telle qu'elle foit) veulent eftre arroufez foigneufement les premiers jours qu'ils font plantez pour leur ayder à la reprife, ce que vous reconnoiftrez quand les fueilles fe fouftiennent d'elles-mefmes, & ne fe laiffent point aller fur Terre.

Les Choux de toutes les efpeces fe fement fur la Couche de vos Melons pendant qu'elle a encore de la chaleur afin qu'elle germe & leue promptement de Terre: Il faut faire de petits rayons en trauers de voftre Couche, & y femer la graine affez claire, &

non confuse. Dans le mois d'Avril vous en resemerez d'autres sur la mesme Couche, à la place d'où vous aurez leué vos Melons & Concombres.

Or d'autant que les oyseaux sont fort aspres à en manger la Graine lors qu'elle sort de Terre, à cause qu'elle porte son escorce au bout de son germe; je vous veux enseigner des moyens, pour les estranger; L'vn en mettant quelque Rets par dessus la Couche, qui soit soustenuë à demy pied de haut; L'autre en faisant de petits Moulinets de Carte comme ceux dont les Enfans se joüent en courant contre le vent; Et l'autre en en faisant au lieu de Carte, auec de petit bois de Sappin bien leger comme celuy des Boëttes à Confitures, & à l'Arbre qui soustiendra les aisles, y mettre quelque petit Grelot, cela empeschera de jour les Oyseaux, & de nuict les Mulots; car pour peu de vent qu'il fasse ils tourneront & satis-

FRANÇOIS. 153
feront à voſtre intention.

Dans la Couche, il ſe trouue des Orbecs, & des Courtillieres, qui rongent les Semences, & les Germes: Pour les prendre, il faut enterrer dans la Couche quelques petits vaiſſeaux, comme Verres à boire ou autres ſemblables; & qu'ils ſoient enfoncez trois doigts plus bas que le haut de la Couche; les empliſſans d'eau, à deux doigts prés du bord; ces vermines en courant par la Couche tomberont dedans & ſe noyeront.

Les Choux à large Coſte, ne ſeront ſemez qu'au mois de May, à cauſe de leur grande delicateſſe: & s'ils ont aſſez de force pour eſtre replantez au commencement du mois de Iuillet, ils pommeront auant l'Hyuer: A mon gouſt, il n'y a aucune eſpece de Choux, qui égale celle-là; car ils cuiſent promptement & ſont ſi delicats, que les plus gros Cottons fondent à la bouche: Si vous en mangez à jeun vn Potage où il y ait peu de pain, il vous laschera doucement le ventre ; & de plus quelle quantité que vous en ayez mangé, pour grande qu'elle soit, elle ne renuoyera aucuns rapports à la bouche ; bref c'est vn Chou que je ne vous sçaurois trop louër, pour vous persuader à en fournir vostre Iardin pluſtoſt que de beaucoup d'autres.

Des Choux blancs Pommez, nous auons ceux de Flandres, qui viennent les plus gros, & dont la Pomme esleuée en bonne Terre, pesera quarante liures & au dessus.

Ceux d'Auberuilliers sont extremement francs & delicats.

Il y a vne autre espece de Choux qui sont fouëttez de quelques veines rouges, & dont le pied, au temps que l'on les replante, est tout pourpré ; ceux-là me semblent les plus francs de tous ; car ils pomment tous prés de Terre ; jettent peu de fueilles, auant que de pommer ; & se serrent de telle façon, que la Pomme est toute platte par dessus.

Les Choux rouges auront aussi quelque petite place dans vostre Iardin, pour la necessité en certaines maladies.

Il y a encore vne autre espece de Choux extremement Musquez, qui ne font qu'vne petite Pomme, mais ils font beaucoup à priser à cause de leur bonne odeur.

Les Choux tendres ou Blonds ne se sement qu'au mois d'Aoust, pour estre replantez à la fin de l'Automne, où s'accroissans ils seront pris pendant tout l'Hyuer les jours de Gelée, qui les attendrit & rend fort agreables à manger.

De tous les Choux d'Italie, les Pancaliers font le plus en estime, à cause de leur bon goust parfumé.

Pour replanter toutes fortes de Choux, la Terre estant profondement labourée, & bien fumée sous le labour; Vous formerez des Planches de quatre pieds de large; & à demy pied prés du bord, ferez vn petit rayon de quatre doigts de profondeur large de demy pied, reuenant à rien par bas; comme vne raye de Terre à bled fraischement labourée : Là dedans, vers la fin du jour, en beau temps vous planterez vos Choux jusques au Collet des plus tendres fueilles, en rognant le bout du Piuot, & leur faisant des Trous auec le Plantoir à distance conuenable selon qu'ils grandissent & estallent; puis les ferez arrouser auec soin, respandant l'eau dans cette Rigolle seulement, le reste de la planche n'en ayant aucun besoin.

L'on pourra aussi les replanter en confusion, dans des quarrez entiers, & particulierement les Blonds pour geler : mais cela n'est si commode que par Planches pour l'arrousement: Ioint aussi que chaque Planche, distinguera plus facilement les especes, les ayant mises chacuna à part.

Vous soignerez à ofter toutes les fueilles mortes des Choux, pour plus de propreté, euitant la mauuaise odeur ; & aussi que cette pourriture, attire beaucoup de Vermines, comme Limats, Grenoüilles, Crapaux & autres qui ne font qu'endommager les Choux.

Quand vos Pommes seront faites, si vous en remarquez quelqu'vne qui vouluft monter à Graine, vous arracherez la Plante à demy, ou bien marcherez sur le Tronc, faisant pencher le Chou sur le costé ; cela empeschera qu'il ne graine si tost, & vous donnera le temps d'estre mangé en le prenant des premiers.

Pour la Graine, vous pourrez reseruer de vos plus beaux Choux, en les replantant en quelque abry des vents d'Hyuer, & les couurant pendant les grandes Gelées auec des pots de Terre, & du grand Fumier par dessus ; vous les descouurirez par fois, dans le temps doux, & quand il fera grand Soleil, pour les reuigorer, estant soigneux de les recouurir la nuict, peur de surprise de quelque Gelée.

Vous en mettrez d'autres dans la Serre, les pendant la racine en haut quelques quinze jours, afin que toute l'eau qui peut estre entre les fueilles s'esgoutte, de crainte qu'ils ne pourrissent; lequel temps estant passé, vous les enterrerez jusques à la moitié du Tronc, les mettant si proches l'vn de l'autre qu'ils se puissent toucher.

Pour les autres qui ne pomment point, il n'y a qu'à les replanter ou les laisser en leur place, ils souffriront l'Hyuer & graineront de bonne heure.

La Graine estant meure; ce que vous reconnoistrez quand les premieres Gousses seront seiches, & s'ouuriront d'elles-mesmes; Alors vous arracherez doucement la Tige & l'appuyerez contre vostre Contr'Espalier pour là s'acheuer de meurir & seicher : Il est bon de l'arrester auec quelque brin d'Ozier, de crainte que le vent la jettant par Terre, n'en faſſe eſcoſſer beaucoup.

Dans le mois d'Aouſt, vous ſemerez des Choux à Pommes ſur quelque Planche à part, & à l'abry, pour là leur laiſſer paſſer l'Hyuer en forme de Pepiniere, juſques au Renouueau que vous les replanterez en la maniere que je vous ay dit cy-deuant; & c'eſt le moyen d'auoir des Pommes de tres-bonne heure, ſi l'on eſt ſoigneux de les bien arrouzer.

Il y a pluſieurs petits Animaux, qui rongent & endommagent les Choux, tant en leur jeuneſſe, qu'en leur accroiſſement; comme les Ticquets, (qui eſt vne petite eſpece de Mouche verte qui ſaute) les Limats, Fourmis, Puceons, Chenilles & autres: Le ſeul remede que j'y trouue, eſt le frequent arrouzement qui les eſtrange ou fait mourir; car durant la grande ſeichereſſe on voit perir journellement les Choux par l'importunité de ces Animaux.

Il fait bon semer des Choux à toutes les Pleines Lunes des mois, pendant le beau temps, afin de remedier aux desordres que ces bestioles vous font: Vous le pourrez facilement sans despense, en vous seruant du Labour que l'on aura donné à vos Espaliers, où là esleuant vostre Graine les frequents arrousemens profiteront à vos Arbres.

Il y a des Choux curieux qui portent plusieurs Pommes sur vn mesme Tige, mais ils ne sont si delicats que les autres.

Quand vous aurez coupé les testes de vos Choux, si vous ne voulez en arracher le Tronc, ils vous repousserõt de petits rejets que les Italiens appellent *Broccolli*, & les François des Broques, elles se mangent ordinairement en Caresme à la Purée, & en Entremets sur les meilleures Tables.

Des LAICTVES, il s'en trouue presque en aussi grande quantité que de Choux ; c'est-pourquoy j'ay mis ces

deux

deux Plantes en vn mesme Chapitre.

Nous auons pour celles qui pomment, les Cabusses, celles à plusieurs Testes sur vn seul pied, celles à Coquille, celles de Gennes, la Romaine, & la Frisée qui pomme en forme de Chicorée.

Celles qui ne pomment point, cõme les Frizées sans pommer, & beaucoup d'autres de plusieurs sortes.

Et celles encore qu'il faut lier pour blãchir, qui sont les Chicós, & la Laictuë Royale, ou à fueille de Chesne.

Elles se sement pendant toute l'Année, excepté l'Hyuer ; car depuis que vous commencez à en mettre sur vostre premiere Couche, ainsi que j'ay dit en l'Article des Melons; jusques à la fin du mois d'Octobre, vous en pourrez esleuer.

Pour les faire pommer, il ne gist qu'à les réplanter à demy pied, ou vn peu plus l'vne de l'autre : Les Planches des Espaliers, Contr'Espaliers, & Buissons y seront bien propres,

O

sans occuper aucune autre partie de voſtre Iardin.

Durant les grandes chaleurs, elles auront peine à pommer, ſi ce n'eſt à force d'arrouſemens, la ſaiſon les faiſant monter à Graine.

Celles de Gennes ſont à preferer à toutes les autres, à cauſe de leur groſſeur, & qu'elles paſſent l'Hyuer ſur Terre eſtant replantées, & auſſi qu'elles vous donnent des Pommes dés la fin du mois d'Avril, & que vous en pouuez prendre durant l'Hyuer pour mettre dans les Potages.

Pour celles qui ne pomment point, il n'y a qu'à les ſemer, & à meſure qu'elles croiſtront les eſclaircir (c'eſt à dire oſter le trop) afin de donner lieu à celles qui reſteront de s'eſlargir & augmenter : aucuns les replantent, mais c'eſt ſe donner trop de peine pour vne Plante ſi facile à eſleuer.

Les Chicons & Royales, ſe veulent replanter à vn pied, ou plus eſloignées les vnes des autres, & quãd vous verrez que les Plantes conuriront toute leur Terre; alors par vn beau temps non pluuieux, & la Rozée du Matin eſtant eſſuyée, vous les lierez de deux ou trois liens par eſtages auec du Foarre long, & ce par repriſes, (c'eſt à dire) en ne les liant pas toutes comme elles ſe rencontrent ſous la main, mais choiſiſſant les plus fortes les premieres, pour donner de l'air aux plus foibles; cela ſera auſſi qu'elles vous dureront plus longtemps, les premieres eſtant blanches, auant que les dernieres ſoient liées.

Ceux qui deſireront les auoir bien toſt blanches, mettront par deſſus vn pot de Terre, ſemblable aux Creuzets des Orfevres, & en le couurant de Fumier chaud, en peu de temps elles blanchiront.

Pour la Graine de Laictuë, elle eſt fort facile à recueillir, à cauſe que les grandes chaleurs en font monter plus que l'on ne voudroit de celles qui ont eſté les premieres ſemées.

Vous les arrachez quand vous verrez qu'il y aura plus de la moitié des Fleurs passées, & les accoterez tout debout contre les Lattes de vos Contr'Espaliers, les laissant meurir & desseicher dix ou douze jours; mettant chaque espece à part, puis estant seiche, la battre & la serrer.

Des Racines en general.

SECTION IV.

LES BETTES-RAVES, comme les plus grosses, seront mises en Teste de ce Chapitre; Elles veulent estre placées en bonne Terre, bien Fumée, & bien Effondrée, pour produire des Racines bien longues, grosses, & non fourcheuës; car si elles ne trouuent le fonds de la Terre à leur goust, elles s'eslargiront assez, & grossiront par la Teste, mais dans le milieu il s'y fait vn trou, qui penetre assez auant dans la racine pour la faire mespriser, la rendant dure, pleine de fillets, & perdant beaucoup de sa couleur rouge : C'est-pourquoy si vous ne voulez faire la despense de faire effondrer vostre Iardin ; vous ferez au moins bescher deux labours l'vn sur l'autre, en la maniere que je vous vais enseigner, qui n'est qu'vn diminutif de l'effondrement.

Il faudra bescher vne Orne d'vn bon pied de profondeur, (toute de la longueur de vostre Carré,) qui aura deux pieds de large, & jetter toute la Terre d'vn costé ; puis bescher vn second Labour dans ce mesme fossé, le plus profond que l'on pourra, sans en tirer la Terre dehors ; par apres, y mettre enuiron quatre doigts de haut de bon Fumier, bien gras, comme celuy que l'on tire de dessous les Vaches, & Moutons, pendant que l'on ne les affoure point ; puis recommencer à bescher vne seconde Orne, jettant la premiere Littiere sur ce Fumier; par apres beſcher la ſeconde Littiere & ſur ce labour mettre du Fumier comme j'ay dit cy-deſſus, & en continuāt de la meſme façō juſques au bout de voſtre Quarré: La derniere Orne demeurera baſſe d'vne Litiere; à quoy vous aduiſerez de trois moyens lequel vous agreera le plus, & qui vous fera à moindre deſpenſe, pour la remplir; ou d'y faire porter les Terres qu'aurez tirées de la premiere Orne; ou de faire rattirer les Terres de tout le quarré pour le remettre de Niueau; ou de laiſſer ce foſſé vuide, pour y jetter toutes les ſarcleures du Iardin; afin que là elles ſe conſomment en Fumier, reſeruant à rendre voſtre Aire eſgale à meſure que les Labours ſe donneront.

Cete façon de meſnagement eſt, ce que je vous ay voulu dire cy-deuant, en la premiere Section, du premier Traicté, quand j'ay parlé de l'effondrement de la Terre; où j'ay promis vne maniere à moindres frais pour ameliorer voſtre Iardin, & laquelle j'eſtime aſſez ſuffiſante, pour eſleuer toutes ſortes d'Herbes Potageres & Legumes.

L'Hyuer eſtant entierement paſſé, vous ſemerez vos Bettes-Raues ſur quelque bande de vos Eſpaliers ; puis eſtant aſſez fortes pour eſtre replantées, vous les mettrez par Planches à vn pied prés l'vne de l'autre, pour la facilité de leur accroiſſement, rejettant celles que trouuerez fourchuës comme de nulle valleur ; vous ne negligerez de les biner & ſarcler curieuſement de toute Herbe, ce faiſant vous en recueillirez de tres-belles, pourueu que vous ne les laiſſiez patir de ſoif pendant les grandes chaleurs

Quelques vns ne les replantent point, mais auſſi elles ne viennent pas ſi belles, & ſont ſubjettes à eſtre fourchuës : Pour les replanter vous obſeruez la meſme choſe que j'ay dite aux Choux, reſerué qu'il ne leur faut pas rogner le Piuot.

Vn peu auparauant les Gelées, vous les tirerez de Terre, & les mettrez dans la Serre, enterrant toute la Racine dans le Sablon, jusques au Collet, les jonchant coste à coste vn peu en panchant, & jettant vn lict de sablon dessus; puis remettrez vn autre lict de Bettes-Raues; puis vn lict de sablon; & en continuant jusques à la derniere, elles se conserueront tres-bien; les prenant là à vostre besoin; toutes de rang, sans en tirer par le milieu ou des costez par election.

Pour la Graine, vous reseruerez des plus belles Racines, & des plus longues, que vous enterrerez comme les autres; pour au Printemps les planter en quelque endroit vuide de vostre Contr'Espalier; parce que vous y pourrez arrester son montant, que les Vents renuerseroient, à cause de sa trop grande hauteur, & charge, s'il n'estoit soustenu; si vous n'aymez
mieux

mieux les mettant en quelque Planche, les appuyer auec des Pieux biens forts.

La Graine eſtant meure, vous arracherez la Plante, la poſant contre vos Contr'Eſpaliers, afin qu'elle s'acheue de meurir, & ſeiche plus facilement.

Les Carottes & Panets, ſe gouuernent comme la Bette-Raue; ils ne ſont ſi tendres au froid, paſſans ayſement l'Hyuer dans la Terre ſans ſe gaſter, juſques au Renouueau qu'ils montent en Graine, & ne vallent plus rien à manger : Vous en tirerez de Terre pour voſtre prouiſion pendant l'Hyuer, leſquelles vous ſerrerez comme les Bettes-Raues.

Il y a des Carottes de trois couleurs, de Blanches, de Iaunes, & de Rouges; Les Iaunes ſont les plus delicates à mettre au pot, ou en Entremets : Si vous voulez en manger de tendres au mois de May, (comme les Picards à Amiens qui les mettent au pot en guise d'Herbes) il faut preparer la Terre par bons Labours durant l'Esté ; & au mois d'Aoust les semer, elles leueront auant l'Hyuer, & en sarclant les mauuaises Herbes vous les esclaircirez où vous y verrez de la confusion, d'autant qu'il n'est besoin de les transplanter comme les Bettes-Raues.

Pour la Graine, vous choisirez des plus belles & des plus longues, que serrerez en la Caue pendant l'Hyuer, & les remettrez en Terre au Renouueau comme les Bettes-Raues pour les laisser monter à Graine.

Les SALSIFIX qui se cultiuent dans les Iardins sont de deux especes ; Il y en a qui fleurissent Violets, ce sont les communs, & d'autres qui fleurissent Iaunes, ceux-cy sont les Salsifix d'Espagne, que l'on nomme SCORSONERE ; ils sont differens de fueillage, aussi bien que de fleur ; car les violets ont la fueille semblable au petit Plantain à cinq nerfs, & les jaunes l'ont beaucoup plus large.

Il y a fort peu de temps que nous auons cette Scorfonere en France, & je crois en auoir eu des premiers; c'eſt vne racine beaucoup plus delicate au manger que le Salſifix commun, & elle a cét aduantage par deſſus toutes les autres Racines, qu'elle ne ſe paſſe point dans Terre, comme les autres Racines qui ſe cordent & ne durent qu'vne Année; laiſſez-l'y tant que vous voudrez, elle groſſira toûjours, & ſera en tout temps preſte à manger, quoy qu'elle monte à Graine tous les Ans.

Il eſt bon de ratiſſer ſon Eſcorce brune (d'où elle prend ſon nom de Scorfonere) & la faire vn peu tremper dans l'eau claire, auant que de la mettre boüillir; à cauſe qu'elle jette vne petite amertume, qu'elle retiendroit ſans cela; ce que ne font pas les Salſifix communs qui eſtant ſimplement lauez, ſe mettent boüillir, puis l'on leue la peau.

Ils se sement en deux temps, au Renouueau, & quand ils sont defleuris, & qu'ils laissent enuoler leur Graine; pour plus grande propreté & commodité l'on les seme en rayon sur des Planches, quatre rayons à chaque Planche.

Quand ils monteront en Fleur, il faudra entourer la Planche auec des pieux & vne Latte ou deux en forme de Contr'Espalier, de crainte que les vents ne les renuersent par Terre, au prejudice de la Graine.

Les Communs fleurissent plustost que ceux d'Espagne : Pour recueillir la Graine ; il faut quatre ou cinq fois le jour visiter vos Salsifix ; car elle s'épanoüit comme vn Pissenlict, & s'enuole : C'est-pourquoy l'on prendra garde aussi tost qu'elle sera épanouïe de ramasser toutes les barbes, & les tenant du bout des doigts, en arracher la Graine, que vous mettrez dãs vn pot de Terre qui sera toûjours en quelque endroit de la planche,

FRANÇOIS. 173
pour efuiter à la porter ferrer dans le Logis à chaque vifite, & le couurirez d'vne thuile peur de la pluye.

Des RAVES, il s'en trouue de trois efpeces, la RHEE, ou RABBE, ou gros RAIFORT; la RAVE NOIRE; & le PETIT RAIFORT, qui eft celle que l'on mange communement à Paris.

La Rabbe ou Rhée, eft vne viande groſſiere, fort commune en Limoges entre les pauures gens, qui en font pluſieurs fortes de Mets, boüillis, fricaſſez, & à l'huile; les ayant premierement laiſſez tremper dans l'eau tranchez par roëlles, afin d'en ofter la plus grande force.

Elle fe feme tout du long du mois de Iuillet, jufques à trois fois; afin que fi les vnes ne rencontrent le temps propre, les autres y puiſſent fuppleer: La Terre fablonneufe bien amendée, & labourée de trois Labours, eft ce qu'elle defire pour deuenir bien groſſe, il y en a qui par leur grosseur esgallent vn pain de deux sols.

L'on les tire de Terre auant les Gelées, & sont conseruées en lieu exempt du froid comme les Nauets.

Pour recueillir la Graine, il ne faut qu'en laisser des plus grosses dans Terre, elles y passeront l'Hyuer, & greneront en la saison; le plus certain est d'en replanter des plus grosses au Renouueau.

Les Raues Noires ne sont pas beaucoup à priser; elles se veulent gouuerner comme les petits Raiforts.

Les petites Raues, ou petits Raiforts, se sement à tous les Decours des Lunes, depuis que commencerez vostre premiere Couche, jusques au mois d'Octobre : L'on les accommode diuersement ; si vous voulez les auoir belles, nettes, claires, & bien longues ; Il faudra dans le temps que vous semez vos Melons, en quelque endroit de vostre Couche (alors qu'elle aura encor de la chaleur)

FRANÇOIS.

faire des trous de la hauteur de voſtre doigt, diſtans de trois poulces l'vn de l'autre, & dans chaque trou y mettre deux Graines de Raue, mettant vn peu de ſablon par deſſus, laiſſant le trou tout ouuert; elles s'accroiſtront de la hauteur de voſtre doigt, par deſſus ce qu'elles euſſent fait, ne pouſſant leurs premieres fueilles qu'apres qu'elles ſont montées au Niueau de la Couche.

Quand vos Melons ſeront replantez, vous en pourrez reſemer ſur voſtre Couche, & en pleine Terre, les mettant par rayons.

Pour la Graine, vous en laiſſerez monter des premieres ſemées, & la cueillerez quand vous verrez les Gouſſes d'en-bas s'ouurir, & laiſſer aller leur Graine; vous la mettrez le long de vos Contr'Eſpaliers pour la faire ſeicher, & là s'acheuer de meurir : La meilleure que nous ayons vient de ces Hortillons d'Amiens, qui en eſleuent de tres-bien conditionnées dans leurs Marais : à la leuée il semble qu'elle ne soit pas bien franche ; mais à leur quatre, ou sixiéme fueille elles se fortifient merueilleusement, moyennant que l'on soit soigneux de les arrouzer.

Des NAVETS, il y en a de plusieurs especes que je ne particulariseray point ; seulement je diray que les petits sont les meilleurs, & les plus agreables au goust ; les autres estans mollasses, & ayans moins de saueur.

L'on les seme en deux temps au Renouueau, & au mois d'Aoust ; toute la difficulté qu'il y a, c'est de bien prendre son temps ; car, s'il est trop pluuieux, la Graine creue, & ne germe point ; s'il est trop sec, elle ne leue point : C'est-pourquoy, voyant qu'vne semaille a manqué, l'on rebine le Gueret, & l'on y seme tout de nouueau : Quand ils sont leuez, mesmes quand ils ont deux ou quatre fueilles, si le temps est trop sec ; Les Ticquets & Puceons les mangent ; & c'est à recommencer: C'est-pourquoy, voyāt qu'vne semaille a manqué faudra recommencer (comme je viens de dire.)

Pour estre bons, il faut qu'ils ne soient que six semaines dans Terre; autrement ils deuiennent Verreux, se desseichent & sont desagreables à manger estans pleins de fillets.

L'on les serre pour l'Hyuer dans la Caue, ou autre lieu exempt de la Gelée, sans autre soin que de les mettre en monceau ou par bottes.

Pour la Graine, il faut choisir des plus beaux, plus longs, & plus clairs; lesquels on remettra en Terre au Renouueau; & l'on arrachera la Plante, quand l'on verra les premieres Gousses s'ouurir, la mettant seicher, & l'on la brisera entre les mains sur vn drap, luy laissant passer le reste du jour au grand Soleil, pour la seicher de toute humidité, puis l'on la nettoyera, & serrera en lieu temperé.

Le PERSIL sera mis aussi entre les

Racines, quoy que fa Fueille foit eftimable, nous feruant en plufieurs Mets, & tenant place de Poivre & d'Efpice.

 Les Gelées eftant paſſées, l'on feme le gros & petit Perfil, le Pennaché & Frizé, en Terre labourée profondement, & bien amendée; afin qu'il produife de longues & groſſes racines: Il fe feme par rayons fur des planches, quatre rayons à chaque planche; puis la Terre eftant rabbatuë dans ces rayons, l'on y feme ordinairement de l'Oignon, que l'on enterre auec les dents du Rafteau, en frappant doucement fur la planche; Le Gueret eftant redreſſé, faut mettre par deſſus du Fumier de vieille Couche, tant pour amender la Terre, que pour empefcher que la pluye ou les Arrouzemens ne battent la Terre, & ne la faſſent creuaſſer.

 D'autant que la Graine de Perfil, eft vn mois dans Terre fans leuer; l'Oignon aura loifir de s'accroiftre,

& auoir aſſez de force pour eſtre replanté : Lors que vous leuerez voſtre Oignon cela feruira de Labour, & de Sarclement à voſtre Perſil ; & par meſme moyen comme il fera desja fort, vous pourrez l'eſclaircir où vous verrez que les plantes feront trop druës, afin qu'il en profite mieux.

Vous pourrez cueillir la fueille quand vous en aurez de beſoin, ſans que la plante en puiſſe ſouffrir aucun detriment.

Les Racines ſe laiſſent dans Terre, & l'on n'en prend qu'au beſoin ; à cauſe qu'elles groſſiſſent toûjours durant l'Hyuer : Vous en leuerez pourtant ce que croirez en auoir affaire, de crainte que la Terre ſe trouuant ſcellée par la Gelée, vous n'en puiſſiez auoir dans voſtre neceſſité.

Pour la Graine, vous en laiſſerez monter quelques vnes, & ne l'arracherez que tout ne ſoit meur, la laiſſant ſeicher comme les autres.

LE IARDINIER

Les CHERVÏS viennent de Graine & de Plante, mais plus groffes &, meilleures de Plante, que de Graine; l'on fe fournit ordinairement de celles de Troyes en Champagne comme les meilleures.

Pour les planter, il faut en Terre bien befchée & bien fumée, faire de petits rayons, trois à chaque planche, de quatre doigts de profondeur, & coucher dedans les Racines de la Cheruïs, à vn grand demy pied l'vne de l'autre, l'on en tire de Terre à mefure que l'on en a affaire, laiffant le furplus qui groffit toûjours, & monte à Graine en la faifon.

Les RESPONCES, quoy que ce foit vne plante bien agreable au gouft, & qui s'apprefte pour eftre mangée en plufieurs façons; neantmoins, je ne m'arrefteray point à dire la maniere de la gouuerner; d'autant que l'on fe contente des fauuages, fans fe donner la peine d'en cultiuer.

Les TAVPINAMBOVS, font des

racines rondes qui viennent toutes par nœuds, & que l'on mange dans le Carefme en forme d'Artichaux; ils ne veulent pas grande culture, pourueu qu'ils foient placez en bonne Terre : Ils fe fement de Graine & fe plantent de Racine : Ils portent des Fleurs comme de petits Soleils, dans lefquels fe recueille quantité de Graine : Les Medecins ont trouué qu'ils n'eftoient pas fains ; C'eft-pourquoy ils feront bannis des bonnes Tables.

De toutes les fortes d'Herbes pottageres.

SECTION V.

NOvs commencerons par la BETTE-BLANCHE, ou POIREE, comme par la plus grande de toutes les Herbes Potageres, & de laquelle on tire plus abondamment que de pas vn autre.

La Bette-Carde (ainfi la nommerós nous à l'imitation des Picards, qui meritent l'honneur d'eſtre appellez les meilleurs, & plus curieux Iardiniers pour les pottages, que tous les autres de toutes les Prouinces de France; ſoit que la Terre, ou le Climat y apporte beaucoup; ſoit par leur induſtrie & trauail; leurs Herbages ſont tout d'vne autre grandeur, & largeur, qu'aux autres endroicts: Car pour la Carde de Bette, j'y en ay veu de huict pouces de large ou peu moins, & de longueur & eſpoiſſeur conuenable à ſa largeur) ſe ſeme au renouueau, les Gelées eſtât paſſées entierement; vous vous pourrez ſeruir des bandes de vos Eſpaliers pour ce ſujet; Quand elles auront ſix fueilles, vous les replantérez en Terre, qui aura eſté labourée profondement dés l'Automne, & meurie par les gelées durant l'Hyuer; auant que de les replanter l'on portera force Fumier ſur la Terre, & la relabourera-on, mettant le Fumier au fonds de la Iauge; puis les ayant tirées de leur Pepiniere, l'on leur rognera le Piuot, & on les replantera par planches, deux rangs seulement à chaque pláche, & à trois pieds l'vne de l'autre; faisant comme vn petit rayon, ainsi que j'ay montré cy-deuant à la maniere de replanter toutes sortes de Choux; ce que je ne reppeteray point icy, pour euiter prolixité.

Si vous voulez qu'elles abondent en belles Cardes, vous soignerez à les bien biner, sarcler, & arrouser quand vous reconnoistrez qu'elles en auront necessité.

Pour les cueiller vous ne les coupperez pas, mais les arracherez de leur plante, en les tirant vn peu de costé; cela n'offensera en aucune façon la souche, au contraire elle grossira les restantes, & reparera sa ruïne en fort peu de temps.

Vous ne replanterez pour Cardes, celles que trouuerez vertes, d'autant qu'elles degenerent.

L'on en semera pendant tout l'Esté,

pour en auoir de tendres à mettre au Pottage ou pour la Farce.

L'on en femera auffi à la fin d'Aouft, aufquelles vous laifferez paffer l'Hyuer en forme de Pepiniere : & au renouueau vous les replanterez pour auoir des Cardes toutes des premieres.

Il y a des Bettes-Cardes qui font Rouges, mais fi vous en voulez auoir, que ce foit pluftoft par curiofité que pour voftre vfage ; car elles ne font les Cardes que petites ; & eftant cuittes perdent beaucoup de leur couleur, deuenant pafles, ce qui fait qu'elles ne font fi agreables au manger ny à la veuë que les blanches.

Pour la graine vous en laifferez monter des plus blanches & plus larges, & ne leur arracherez aucune fueille: vous arrefterez le montant à quelque bon pieu, de crainte que fa trop grāde charge ne le faffe abatre ; au grand prejudice de la graine, qui pourriroit au lieu de meurir : Deux plantes au
plus

plus feront tres-suffisantes pour vous en fournir amplement : vous l'arracherez par beau-temps & la laisserez bien seicher, de crainte qu'elle ne moisisse ; Car comme elle est fort spongieuse, elle gardera long temps son humidité.

Il y a vne petite espece de Bette que l'on nomme ARROCHE, ou BONNE DAME, qui est fort agreable au manger rendant le Pottage tres-beau, & qui porte son Beurre d'elle-mesme.

Elle veut pareille culture que la Bette-Carde, reserué qu'elle se plante plus pres ; elle vient bien aussi sans estre replantée, suffit qu'elle soit sarclée, & binée dans le besoin.

La CHICOREE se semera au renouueau, sur les bandes de vos Espaliers, & quand elle aura six fueilles, se replantera en Terre bien amendée, à la distance de dix-huict pouces, l'vne de l'autre, en luy rognant le Piuot ; lors que par son accroissement elle couurira toute la Terre, il la faudra lier,

Q

à la maniere que j'ay dit cy-deuant quand j'ay traitté des Chicons; qui eſt de la lier non pas toute à main; c'eſt à dire forte & foible; mais prendre les plus aduancées les premieres, & laiſſer fortifier les autres : Ie vous y renuoye afin d'euiter les redites, c'eſt en la Section troiſiéme de ce ſecond Traitté, en l'Article des Laictuës, où vous verres auſſi la maniere de les blanchir auec des pots de Terre.

La Chicorée ſe blanchit encor d'y-ne autre ſorte; Durant les grandes Chaleurs, quand vous verrez qu'au lieu de ſe pommer, elle voudra monter à graine; vous creuſerez la Terre, à coſté de la plante, & ſans l'arracher, vous la coucherez, ne laiſſant ſortir que fort peu des fueilles ; Là elle blanchira en peu de temps, & cela l'empeſchera de monter à graine: pour plus grande propreté, il eſt bon de les lier parauant, afin que la Terre ne tombe entre les fueilles ; ce qui donneroit tant plus de peine à les bien

lauer, parauant que de s'en feruir:
Vous obferuerez de les coucher toutes d'vn cofté, comme elles ont efté plantées, commençant par celles du bout de la planche, & en continuant couchant la feconde fur la premiere, la troifiéme fur la feconde, & ainfi par tous les rangs jufques au bout.

Ie trouue encor deux autres manieres de les bien blanchir pour l'Hyuer; La premiere eft qu'à l'entrée des gelées vous les lierez à l'ordinaire ; puis au bout de huict ou dix jours, vous les tirerez de Terre, & les enterrerez dans la Couche à Melons; faifant vn petit rayon en trauers de voftre Couche de la hauteur de voftre plante, qui fera de huict poulces ou enuiron, commençant par vn bout ; Vous coucherez dans ce rayon vos plantes, cofte à cofte fe touchant l'vne, l'autre, fans fe preffer pourtant, & vn peu en penchant ; cela fait, vous les couurirez du petit Fumier de la mefme couche, en faifant vn autre rayon pour

Q ij

vne seconde rangée, dans lequel vous mettrez des plantes comme au premier, & ainsi en continuant, autant que vous aurez de plantes ; par apres vous couurirez le tout enuiron la hauteur de quatre doigts de bon Fumier chaud, tout recemment tiré de l'Escurie, & en peu de temps elles blanchiront : si vous voulez les couurir de quelques paillassons en forme de toit, pour les preseruer des grandes pluyes, elles dureront fort long-temps sans se pourrir: Quād vous en voudrez prendre pour vostre vsage, vous commencerez par les dernieres qu'aurez enterrées, & prenant tout à main sans distinction, les tirerez tout de rang ; & sur le lieu mesme les esplucherez du pourry, ou de ce qui sera noircy par le Fumier, auant que de les mettre dans la Corbeille, pour les porter à la Cuisine.

La seconde maniere de les conseruer plus long-temps, sera de les enterrer comme dessus par rayons, dans le

Sablon à la Caue; leur mettant la racine en haut, de crainte que le Sablon ne grille entre les fueilles, & qu'il ne s'en trouue dans les plats quand l'on vous la seruira; Il n'est pas necessaire d'y mettre du Fumier par dessus, pour-ueu que le Sablon couure la plante de quatre doigts de haut il suffira : Et quand vous les tirerez pour vostre vsage, auant que de les dresser, vous les secourez bien, la racine en haut pour faire tomber tout le Sablon qui pourroit estre aux fueilles : Vous les prendrez aussi toutes à main, comme elles se presenteront dans leurs rangées.

Il y a de la Chicorée qui se ferme d'elle-mesme sans estre liée, qui est d'vne fort petite espece, mais beaucoup estimable pour sa bonté.

Quand à la graine, vous laisserez monter des plus belles plantes, & particulierement de celles que vous verrez qui veulent blanchir d'elles-mesmes, & se pommer sans estre liées;

Vous la laisserez bien meurir, mesmes passer de meurir, car elle ne tombe pas comme beaucoup d'autres graines; au contraire, quand apres l'auoir laissé bien seicher, vous la porterez sur l'aire de la Grange ; vous aurez encor assez de peine, à la tirer de dedans les nœuds, à grands coups de fleau.

L'Endiue ou CHICOREE SAVVAGE se gouuerne comme la franche, & auec moins de peine, la semant seulement dans vn petit rayon, & la sarclant, binant, & esclaircissant en saison ; pour la blanchir l'on la couure simplement de grand Fumier, moyennement chaud ; elle se tire de Terre au commencement des Gelées, & se serre dans le sablon à la Caue, comme les autres racines ; mais auant que de l'y mettre, il faut qu'elle soit presque blanche ; sa racine est beaucoup estimée; & j'ay douté, si je la deuois mettre au rang des racines ; mais j'ay jugé plus à propos de la placer auec la Franche, à cause de la conformité qu'elles ont tant à l'accroiſſement, qu'à la façon de grener.

De l'Ozeille nous en auons de pluſieurs eſpeces qui ſont, la Grande, ou l'Ozeille à la Mequene, ou à la Pareſſeuſe ; d'autant qu'vne ſeule fueille peut ſuffire pour vn Potage, attendu qu'elle eſt d'vne ſi prodigieuſe grandeur ; qu'elle a des fueilles, qui ont juſques à ſept poulces de large, & quinze ou dix-huict poulces de long; c'eſt vne eſpece que l'on a apportée des Païs-bas ; & j'en ay eu des premiers.

La ſeconde eſpece, eſt vne autre grande Ozeille ſemblable à la Patience.

La troiſiéme eſt celle qui ne porte point de graine, mais de qui la plante s'eſlargit dans Terre, en produiſant de petits rejettons à coſté, deſquels l'on ſe ſert pour plant.

La quatriéme eſt la petite Ozeille, que nous auons dés long-temps en vſage.

La cinquiéme est l'Ozeille ronde, grāde & petite qui ne grene point aussi, mais le plant se prend de certaines trainasses qu'elle fait qui couurent toute la Terre ; & par des rejettons qui sont autour de la plante, que l'on met en petites touffes pour en faire des planches.

La sixiesme est la Surelle ou Sauuage, qui se trouue dans les hauts prez; que l'on ne se donnera la peine de cultiuer dans les Iardins.

Il y en a vne septiéme qui est l'Alleluya, fort delicate & agreable à cause de son acidité toute semblable à l'Ozeille quant au goust, fort agreable dans les Potages, Farces, & Sallades; d'autant qu'elle a toutes les mesmes qualitez, & goust que les Ozeilles, Elles se veulent toutes semer au Renouueau, à l'issuë des Gelées ; par petits rayons, quatre à chaque planche; vous soignerez qu'elle soit bien sarclée de toutes herbes qui la peuuent estouffer: quand elle sera vn peu forte;
vous

vous l'esclaircirez, afin qu'elle en profite mieux ; & si vous voulez, de ce qu'arracherez vous en ferez d'autres planches ; mais le meilleur est, si vous en desirez replanter, de prendre du plus fort plant, & au commencement de l'Automne, ou au Printemps en faire des planches à part ; elles viennent bien d'vne façon & de l'autre ; & durent fort long-temps en leur bonté ; mesmes jusques à dix ans; apres lesquels sera bon d'en replanter ailleurs ; d'autant que la Terre, se deplaist d'estre toûjours chargée d'vne mesme plante, & se plaist en la diuersité ; Ioinct aussi que les racines s'entrepressant les vnes les autres, ne trouuent pas de substance suffisante pour leur entretien.

Elles se veulent labourer, au moins trois fois l'An ; & à la derniere, qui sera au commencement des fortes Gelées, vous respandrez par dessus du petit Fumier ; les crottes du poullailler luy sont tres-bonnes, & la

R

font profiter à merueille.

A ce dernier labour, l'on arrache toutes celles, qui par quelques graines tombées font hors de leur rang, & aussi on chastre la Rôde, & coupe-on toutes fueilles, & tiges, tout prés de leur pied, auant que de les cou-urir de ces Fumiers.

Pour la Graine, elle est facile à recueillir de celles qui en portent; car le plein Esté venu elle monte, & quand vous verrez qu'elle sera meure, vous couperez les tiges prés de Terre; puis estant bien seiches, elles quitteront facilement leurs bources, vous les nettoyerez bien, & les serrerez.

La PATIENCE sera gouuernée comme l'Ozeille, c'est vne plante qui n'est si delicate au manger; neantmoins vous ne laisserez d'en auoir quelque planche, pour ne manquer d'aucune chose.

La BOVRRACHE à cause de sa vertu, trouuera aussi lieu dans vostre Iardin; quoy qu'elle gaste la couleur des Potages en les noirciſſant ; ſes Fleurs ſont fort agreables à ſeruir ſur Table, & ſe peuuent mettre ſur la Viande, ſur les Potages, Sallades, & autres Apprefts, d'autant qu'à cauſe de leur grande douceur, les mange qui veut ſans qu'elles donnent aucun dégouſt.

Elle ſe ſeme au Renouueau comme les autres Herbes, & ſe peut laiſſer dans Terre ; ſa Racine ſupportant les Gelées, & repouſſant au Printemps. Les Maraiſchers de Paris arrachent toute la plante pour la vendre ; & en ſement pluſieurs fois durant l'Année, à cauſe qu'elle en eſt plus tendre.

Pour ſon gouuernement, il ſuffira de la biner legerement & bien ſarcler.

Pour la Graine, vous laiſſerez monter des plus belles plantes, & eſtant bien meuries ſur le pied, les arracherez, en tirerez la Graine, & la ſerrerez.

La Bvglose sera gouuernée de la mesme façon que la Bourrache, c'est-pourquoy je ne m'y arresteray point.

Du Cerfveil, outre celuy que je vous ay dit cy-deuant, qu'il falloit semer sur les Couches, pour composer les petites Sallades, à la sortie de l'Hyuer : Il sera bon de mois en mois d'en semer de nouueau, quoy que peu ; à cause qu'il en sera plus delicat que quand il est vieil semé : Les bandes de vos Espaliers pourront seruir à cét effect, d'autant qu'il ne peut nuire à vos Arbres par sa petitesse, & aussi pour le peu de substance qu'il luy faut à son accroissement, & encor pour le peu de temps qu'il sejourne en vn lieu.

Vous en laisserez monter à Graine quelque bout de planche, qui suffira pour vous en fournir amplement ; & la laisserez bien meurir sur le pied, puis l'arracherez, ou couperez ; & la laisserez seicher parfaitement, auant que de la serrer.

Il y a vn autre Cerfueil d'Espagne qui se nomme MIRRHIS ODORATA, sa fueille ressemble toute à la Cyguë; elle est fort agreable au goust, ayant son parfum semblable à l'Anis vert, & encor plus agreable en le maschant peu.

Au Renouueau quand il pousse, l'on le couurira de Fumier menu, puis de chaud par dessus pour l'estouffer, afin d'estre mangé en Sallades; il est beaucoup plus agreable que le Persil de Macedoine, & le Scelery d'Italie.

L'on le semera au renouueau en quelque endroit à part, l'on ne le labourera en aucune façon tant qu'il soit leué, mais l'on le sarclera seulement, d'autant qu'il est par fois vne année entiere sans sortir de Terre.

Pour sa Graine vous la recueillirez en sa saison, & la gouuernerez comme les autres.

Le PERSIL DE MACEDOINE, sera gouuerné tout de la mesme façon que je viens d'enseigner au Cerfueil d'Espagne; excepté que sa graine n'est pas si long-temps à leuer & qu'il ne se mange qu'estouffé sous le Fumier, ou sous des pots de Grets comme la Chicorée.

Le SCELERI d'Italie sera traitté de la mesme maniere; son montant est ce qui est de plus excellent à cause de sa delicatesse & tendreur.

Ces trois Plantes ne se veulent semer tous les ans, mais se conseruent dans Terre sans crainte des Gelées.

Du POVRPIER, j'en trouue de quatre sortes, le Vert, le Blanc, le Doré, que l'on a apporté depuis peu des Isles de saint Cristophle qui est le plus delicat; & la quatriéme est la Porcelaine, ou petit Pourpier sauuage, le moins à priser; la Terre le produisant naturellement d'elle-mesme sans aucun trauail.

Il se seme au renouueau sur la Couche, & tout du long de l'Esté pour en auoir toûjours de tendre.

Pour le femer, il faudra labourer la Terre, puis la bien drefler par tout; efpandre deſſus voſtre graine, la plus claire que vous pourrez; d'autant qu'à caufe de fa petiteſſe, l'on y en met toûjours plus qu'il ne faut ; eſtant ſemée, vous ne l'enterrerez d'autre façon, finõ en battant fur la planche, auec le dos d'vne peſle de bois, ou vn battoir à lexiue ; l'on l'arrouſera le plus proprement que l'on pourra ; pour ne faire des trous à la Terre ; il leue en fort peu de temps ; C'eſt pourquoy l'on ne le laiſſera manquer d'eau dans la ſeichereſſe.

Il ſe replante pour en tirer de la Graine bien conditionnée, & pour auoir de plus gros Cottons à confire au Sel, deſquels on ſe ſert en Hyuer dans les ſallades & dans les potages.

Pour la Graine, vous jugerez qu'elle ſera meure, quand vous la verrez bien noire; Alors vous arracherez la Plante, & la mettrez ſur quelque drap, ſe fannir & ſeicher au Soleil,

R iiij

le soir venu vous la ferrerez à couuert dans le mefme drap, & la remettrez le lendemain au Soleil ; & tous les jours en continuant de mefme, cela acheuera de meurir celle qui ne l'eſtoit pas ; puis apres vous la broyerez dans les mains, & la mettrez fur quelque autre linge à part, pour bien feicher auant que de la ferrer: vous remettrez encor feicher les Plantes quelques jours durant, car elles vous rendront encor beaucoup de Graine, qu'elles n'auoient pas quittées. Vous remarquerez que la graine nouuelle n'eſt pas ſi bône à femer que celle de deux, trois, ou quatre ans.

Les ESPINARDS fe trouuent de trois eſpeces ; des Grands qui n'ont pas la fueille ſi pointuë que les Petits; & des Blonds qui font la troiſiéme forte; Ils ſe veulent femer au commencement de l'Automne, afin d'eſtre fortifiez auant l'Hyuer ; ſi vous voyez qu'ils pouſſent par trop, vous en pourrez couper pour les Pottages;

& pour la Patisserie, ils seront de beaucoup plus tendres que dans le Caresme, où l'on en mâge ordinairement. La maniere de les semer est par Planches en petits rayons, quatre à chaque Planche; l'on les sarclera proprement quand ils seront leuez, & ostera-on ceux qui par hazard de quelque graine tombée, seroient leuez entre deux rayons.

Vous en reseruerez quelque bout de Planche pour la Graine, coupant aux autres endroits ce qu'en aurez de besoin; Et dans le Caresme arracherez la Plante, pour tout employer en la Cuisine, ny rognant que la racine.

La Graine se trouue de deux sortes, de piquante, & d'autre sans picquans toute ronde; celle-cy fait les Espinards blonds, & plus delicats que les autres.

Des Féves, Pois, & autres Legumes.

SECTION VI.

IL y a de trois sortes de grosses FEVES, celles que l'on nomme à Paris Féves de Marais, lesquelles viennent larges, plattes & de couleur fort blonde : d'autres plus petites de beaucoup semblables aux premieres, sauf qu'elles sont plus rondes: & d'autres encor plus petites & toutes differentes des premieres, d'autant qu'elles sont presque rondes & de couleur grise, ou rougeastre ; ce sont de ces Féves que l'on donne aux Cheuaux, & que l'on fait moudre pour employer en plusieurs occasions & besoins.

Ie ne traitteray icy, que de la maniere de gouuerner les plus grosses; laissant les petites, comme de peu de valeur; & je diray, que les opinions sont bien diuerses, pour le temps & la façon de les semer : Aucuns les sement dés les Aduents de Noel, & tiennent qu'ils en ont des premieres; autres attendent que les Gelées soient entierement passées, auant que de se mettre à ce labeur : Chacun à ses raisons particulieres à cause des Puceons qui mangent la Cime, quand elles sont en fleur ; pour moy qui ay toûjours en visée le plus certain, j'attends que les Gelées soient passées, & fonde ma raison sur ce que la saison ameine tout. Ce n'est pas que je vous vueille dissuader d'en semer aux Aduents, & au mois de Fevrier ; mais je vous conseille d'en faire peu ; reseruant la plus grande quantité, quand les Gelées seront passées, d'autant que, comme il est necessaire de les mettre en la meilleure Terre, & la plus basse que vous ayez ; elle sera en mauuais labour aux deux premiers temps, à cause qu'elle retient & garde plus son eau, que les Terres legeres.

Auant que de les semer vous choisirez celles qui sont bien conditionnées, & bien saines; les mettrez tremper vn jour ou deux dans le jus de Fumier; elles r'enfleront extremement & s'aduanceront plus de germer, qu'elles ne feroient en dix ou douze jours; outre que ne sejournans pas long-temps dans Terre, la vermine aura moins de temps de les endommager; & d'abondant ayant trempé dans ce jus, elles s'imbibent de la bonne qualité du Fumier qui les fait vegetter plus abondamment.

Pour les semer, il faut que la Terre ait esté labourée auant l'Hyuer, & nettoyée de toute herbe; puis auec la fourche l'on fera vne jauge, sur l'ados de laquelle & non pas au fonds vous placerez vos Féves, à demy pied ou peu plus l'vne de l'autre; puis apres vous ferez vne seconde jauge; & de la Terre que leuerez, vous couurirez vos Féves; puis vne troisiéme, & sur l'ados de cette troifiéme, mettrez des Féves comme à la premiere ; ainfi en continuant de deux en deux jauges, vous placerez vos Féves. Il faut eftre curieux de mener la jauge la plus droite que l'on pourra, afin que l'on puiffe les biner, farcler, & rogner, fans rompre les tiges en paffant dedans.

Il y en a d'autres, qui apres auoir bien labouré & dreffé la terre, la diuifent par planches, & les fement au plantoir ; mais l'autre maniere me femble meilleure, d'autant qu'elle rend la Terre plus efmiée, ou meuble, ou pefle comme vous la voudrez nommer s'accommodant au langage du Païs, pour la facilité de fe faire entendre.

Dans leur accroiffement, quand vous verrez que l'herbe les voudra fuffoquer, vous les binerez, & farclerez proprement fans les endommager ; & quand déja grandes, vous verrez que les Puceons ou Moucherons, paroiſtront au coupeau de leur tige, s'attachans aux parties les plus tendres ; alors vous les rognerez auec les ongles, emportant tous les Puceons, auec le plus tendre du jet où ils ſont attachez ; Vous mettrez ces rogneures dans quelque boiſſeau, pour eſtre jettées au feu ; ou les enterrerez dans la foſſe au Fumier ; ou bien en quelqu'autre lieu fort eſloigné de vos Féves, de crainte qu'ils n'y retournent.

Si vous en voulez manger en Vert, vous deſtinerez quelque planche particuliere, ſans prendre des Gouſſes à toutes mains, dans toutes les planches ; & quand vous aurez entierement deſpoüillé quelque Plante, vous la couperez prés de Terre, elle jettera de nouueaux rejettons qui porteront dans l'arriere ſaiſon.

Pour la Semence, vous les laiſſerez bien ſecher ſur le pied, & juſques à ce que la Tige & les Gouſſes ſoient toutes noires ; & les arracherez à la grande Chaleur du jour ; les ferez battre au fleau à petits coups, & les ferez Vanner à voftre commodité.

Le Foüare ou Chaume que vous en tirerez ne fera bruflé, quoy que la Cendre en foit tres-bonne ; mais fera employé en Fumier qui eft le meilleur de tous : mefmement, fi vous voulez bien amender de la Terre, femez-y des Féves ; & quand elles commenceront à deffleurir ; labourez le tout enfemble, Terre & Féves, fans fonger à la perte qu'il y peut auoir ; car cette maniere de Fumer amande merueilleufement bien la Terre.

Il fe trouue quelques groffes Féves, qui font d'vn rouge brun : mais elles ne font fi delicattes que les blondes.

Les petites Féves, de HARICOT, ou CALLICOT, ou bien FEVES ROTTES, font de deux efpeces, de Blanches, & de Collorées ; parmy lefquelles il y en a auffi de Blanches : mais plus petites & rondes, que ne font pas les grandes Blanches.

Pour commencer par les grandes, vous les femerez en quelques planches à part ; quatre rangées à chaque planche, afin d'auoir plus de commodité à les ramer, que fi elles eſtoient femées en confufion : Vous en deſtinerez quelques vnes pour manger en Vert, en laiſſant les autres pour manger feches, & pour la Semence; quand vous les cueillerez. Vous prendrez garde de n'offencer ny corrompre la Tige, afin qu'elle vous en produife, jufques à ce qu'elle feche fur le pied.

Les Colorées qui font plus petites, fe fement ordinairemét en plain Gueret, frais labouré, que l'on herfera, fans y apporter autre foin qu'aux autres grains qui font en plain Champ; finon que huict ou dix jours apres qu'elles feront leuées, il eſt bon de les Biner, & n'y plus toucher jufques à ce qu'elles jettent des trainaſſes (qui eſt au mois de Iuillet) lefquelles il faudra rogner ou chaſtrer, pour faire mieux profiter les Gouſſes qui font
au

au bas de la Tige; & pour esuiter que se liant les vnes aux autres, par trop de ramage elles ne verfaſſent, & ne pourriſſent celles de deſſous au lieu de meurir.

Ces ſortes de Féves, ne veulent la Terre ſi forte que les Féves de Marais, mais pluſtoſt la Sablonneuſe.

Elles veulent eſtre ſemées au commencemét du mois de May, & cueillies à meſure que la plante eſt ſeche; les faiſant battre au fleau comme j'ay dit cy-deuant, aux groſſes Féves de Marais; car ſi vous les cueillez plus vertes, vous auriez grande peine à trouuer les lieux propres pour les mettre ſecher, qui ſeroit vn grand embaras, ſi vous en auiez beaucoup.

Quant aux Blanches, qui ſont ramées, d'autant qu'elles montent au haut de leurs rames, & ſont longtemps à toûjours porter; Il ſera bon de cueillir les Gouſſes que verrez eſtre ſeches, à cauſe que toutes ne meuriſſent pas en meſme temps, &

qu'il en peut arriuer deux inconuenients ; Le premier, qu'eſtantes paſſées de meurir, la Gouſſe ſe pourroit ouurir à la grande Chaleur du jour, & laiſſer tomber les Féves qui ſont dedans; Et le ſecond, que s'il venoit de grandes pluyes, le parchemin de la Gouſſe eſtant moüillé, il s'attacheroit aux Féves par vne certaine Gluz qui s'y fait, & ne s'en deſtacheroit plus; endommageant les Féves par vn Moiſy qui les tacheroit & les rendroit deſagreables à la veuë, & encor plus au manger; outre que l'on ſeroit obligé de les eſcoſſer à la main, ce qui feroit perdre beaucoup de temps.

Vous trierez toutes les Noires, & celles qui ſont meſlées de Noir & Blanc, d'autant qu'elles deuiennent Noires: à cauſe que cuittes elles ſont deſagreables à voir; & donnent teinture au boüillon dans lequel elles cuiſent.

Vous ferez eſtat des Rouges par deſſus toutes les autres, à cauſe de leur delicatesse, surpassant de beaucoup les Blanches, quoy qu'à Paris elles soient les plus en estime.

Les Pois se trouuent de plusieurs especes differentes, Sçauoir les Pois Chauds ou Hastifs, les Naims, les gros Blancs, ceux à cul Noir, les Verts gros & petits, ceux à Couronne, ceux sans Parchemin de deux sortes, les Chiches auec & sans Parchemin, les Pois de tous les Mois, les Gris, & les Taulpins ou Luppins.

Ie trouue fort à propos de particulariser leur gouuernement, quoy que ce soit vne plante peu difficile à esleuer ; neantmoins il ne sera hors de propos, pour vne plus grande facilité.

Il y a trois manieres de semer les Pois ; par planches ; faisans quatre ou cinq rayons à chacune, selon l'espece des Pois que vous y voulez semer ; par Troches ou Bouquets ; & en confusion.

Les Pois Chauds ou Hastifs, se veulent semer des la Chandeleur, ou peu apres l'issuë des grandes Gelées: La Terre sablonneuse est celle qu'ils souhaittent pour haster leur accroissement, & si c'est en quelque Costeau, qui soit exposé au Soleil de Midy, cela les aduancera encor de beaucoup: La Coste de Charenton & de Sainct Maur prés Paris, nous en font paroistre l'experience, en nous en donnant de fort bonne heure ; & tout le secret ne gist qu'à les biner plusieurs fois, cela les aduance merueilleusement.

Si vous les semez par rayons, ce vous sera vne grande commodité pour les biner, trouuant place entre deux rayons, pour loger vos pieds, sans endommager les jets ; & estans desja grands, vous les pourrez ranger les vns sur les autres, pour auoir plus grande commodité à les rebiner plusieurs fois, & pour la facilité de pouuoir en cueillir les Gousses en leur saison, sans endommager la Plante.

Les Naims se semeront par Troches, qui est en faisant des trous auec le Plantoir, à vn bon pied l'vn de l'autre, & dans chacun y mettre six ou huict pois ; ils sortiront hors de Terre, & s'accroistront assez long-temps auant que de s'espandre sur le Gueret, vous donnât vn loisir suffisant pour les biner plusieurs fois si vous voulez; car quant à ceux que l'on seme en confusion sur le Gueret frais labouré, ou ceux que l'on seme sous raye à la Charruë; ils ne vous donnent pas tant de loisir, à cause qu'ils s'estalent de tous costez, & l'on ne les peut biner qu'vne seule fois sans se mettre en danger d'en gaster beaucoup auec les pieds.

Tous Pois de la grande espece, comme Blancs, Verts, à Couronne, ceux Sans parchemin & Chiches se veulent semer par planches, en petit rayon, quatre rangées à chaque planche, pour la commodité d'y mettre deux rangs de Rames ; lesquelles seruiront pour appuyer deux rangées de

Pois, & tant plus vos Pois seront de grande espece, tant plus vous tiendrez vos Rames fortes, & hautes, d'autant qu'ils monteront jusques au bout, jettant des Cosses à chaque nœud ; particulierement la grande espece de ceux sans Parchemin, dont la Cosse deuient croche, lesquels chargent extremement, & jettent des rameaux à chaque nœud depuis le pied, lesquels portent souuent autant de Cosses, que le maistre brin des autres ; c'est vne espece que vous deuez beaucoup estimer pour sa delicatesse, & qui se peut manger en vert, & auec appetit ainsi que les Raues.

Si vous voulez auoir de tres-gros Pois il les faudra semer en bonne Terre, & les chastrer quand ils seront à la hauteur de quatre pieds ; mais aussi le mal est, qu'estans semez en Terre forte, ils ne cuisent pas si bien, que ceux qui sont produits dans le sablon, qui est la vraye Terre qu'ils desirent pour estre bien conditionnez.

Vous ne mettrez vos pláches de Pois ramez, toutes les vnes contre les autres; ains laisserez vne planche entre-deux autres, pour donner de l'air à vos Pois, autrement ils s'estoufferoient pourrissans par le bas: & dans ces planches d'entre-deux, vous y semerez de quelque sorte des racines cy-deuant descrites, lesquelles profiteront beaucoup, à cause de la fraischeur & ombre qu'elles receuront par la hauteur des Pois.

Vous destinerez aussi quelques planches particulieres, pour en manger en vert, & ferez cueillir les Cosses par personnes non estourdies, afin qu'auec patience, elles les arrachent ou coupent de leurs Tiges proprement sans les endommager, pour en tirer tout ce que la plante en pourra fournir, & elles vous dureront long-temps.

Quant aux Pois de la petite espece, comme Blancs, Verts, Gris, Hastifs, Naims, & à Cul-Noir, vous les pourrez semer en plein Champ à la Charruë ; d'autant que ne faisans pas grand ramage ils ne s'estoufferont pas.

L'on les seme en deux façons, en Gueret frais labouré qui aura eu vne premiere façon auant l'Hyuer, ou bien sous raye ; c'est à dire, qu'auant que de labourer la Terre, l'on seme les Pois sur le champ ; puis en faisant les rayes la semence tombe au fonds, qui auec l'aide du Soc est recouuerte par la Terre qui se retourne dessus.

Cette maniere de labourer se pratique pour deux fins ; L'vne pour les loger fraischement quand la Terre est par trop legere ; Et l'autre pour empescher les Pigeons de les manger ; car à ceux qui ne sont que Hercez sur le Gueret frais, ils y grattent comme des Poules & mangent la plus part de la semence.

Il y a encor vne autre maniere de semer des Pois que les Picards pratiquent ; ils ont vne forme de Houë

platte,

platte, à la maniere des Vignerons d'aupres Paris, dont les Vignes font en Terre glaize, ou dans les sablons; cét outil est tout semblable aux Houës qu'ils quittent quand elles sont trop vsées par les costez, faisant vne pointe dans le milieu ; ou pour vous en donner vne intelligence plus facile, il ressemble proprement à vn Soc de Charuë à tourne-oreille, & s'en seruent de mesme façon que l'on laboure les Guerets à tourne-oreille; c'est à dire n'ayans aucuns Sillons que celuy qui diuise le Voisin d'auec le Voisin.

En Terre labourée depuis peu, deschargée de toutes mauuaises Herbes, & redressée, ils font vne raye auec ce Huët, (ainsi le nomment-ils) en reculant & attirant la Terre; elle se separe des deux costez ; dans ce rayon, ils y sement des Pois, à distance raisonnable; Puis en recommençant vn second rayon, le Huët recouure de Terre celuy qui est ensemencé, puis le troisiéme le second ; & ainſi continuent juſques au bout de leur piece : Cette maniere eſt expeditiue, & commode pour les pouuoir biner ſans marcher deſſus, lors qu'ils ſont desja forts. Ils ſe ſeruent auſſi de cette maniere de ſemer, aux Féves de toutes eſpeces, Raues, Ozeilles, Poirées, & beaucoup d'autres Herbages, profondant en Terre plus aux vnes, qu'aux autres, ſelon la force de la ſemence.

Les Pois de tous les mois, ainſi dits, parce qu'ils durent preſque toute l'année, fleuriſſans continuellement; vous les ſemerez à l'abry du mauuais vent, en quelque endroit de voſtre Iardin pour en auoir de bonne heure; Pour leur gouuernement il n'y a autre curioſité qu'aux autres, mais ſeulement de couper les Coſſes propremẽt eſtans en Vert, ny en laiſſant ſeicher aucune, ſi ce n'eſt pour la graine, & à meſure que vous verrez qu'il y aura quelque rejetton duquel vous ne pouuez plus eſperer de Coſſes, le couper. Il faudra auoir grand ſoin de les arrouſer, particulierement durant le mois d'Aouſt; meſme leur ferez vn abry auec des paillaſſons durant les grandes chaleurs.

Les Lvpins, ou Pois Tavpins, (que l'on nomme ainſi, à cauſe que la Taupe fuit le lieu où ils ſont ſemez) ce ſont Pois plats & ronds comme vne balle de Piſtolet applatie; dans les Galeres, l'on les appelle Pois d'Eſclaues, d'autant que l'on en nourrit les Forçats; ils ſont amers au gouſt, & veulent temper long-temps auant que l'on les face cuire; ils viennent par gouſſes attachées à la tige comme des Féves & chargent beaucoup; en Eſpagne ils en ſement des champs entiers, & en nourriſſent le beſtail.

Ils veulent eſtre ſemez en rayon à quatre doigts l'vn de l'autre, & quatre rayons à chaque planche, veulent auſſi la Terre mediocre.

Les Lentilles, ſe ſement au meſ-

me temps que les Pois; en gueret frais
labouré; fi vous luy auez donné vn
labour auant l'Hyuer elles en viendront de beaucoup plus belles ; elles
ne craignent ny les Oyfeaux, ny mefme le Beftail, qui n'en mange point en
Vert; La Terre fablonneufe leur eft
agreable ; l'on les arrachera eftant
meures, & les laiffera-on jaueler ; on
peut les laiffer à la Grange tant que
l'on voudra fans les battre, d'autant
que les Souris ne les rongent point,
ny elles ne font point fujettes aux
Vers comme les Pois, qui en font
continuellement rongez tant qu'ils
font dans la Coffe ; C'eft-pourquoy
vous vferez de diligence à les faire
battre.

Quelques-vns par vn beau jour
battent les Pois & Lentilles dans la
ruë, fur vne belle Place au grand Soleil, qui ayde beaucoup à les faire ef-
coffer; car de les engranger c'eft beaucoup de peine, outre qu'ils fe refuënt
comme toutes fortes d'autres grains,

& ramoliffent leur Coffe, ce qui fait qu'ils ne fe battent pas fi bien : Vous pourrez pourtant en engranger des Gris, pour les donner aux Cheuaux en gerbe; cela les def-agaffe, & reftaure s'ils font décheus & extenuez.

Des Oignons, Aux, Ciboulles, Porreaux, Herbes odoriferentes, & autres commoditez du Iardin, qui ne font comprifes aux Chapitres precedens.

SECTION VII.

L'OIGNON fe trouue de trois Couleurs, fçauoir le Blanc, le Pafle, & le Pourpré; Ie dis de trois couleurs, car je n'eftime pas que ce foient trois efpeces differentes ; veu qu'ils font prefque femblables en gouft, laiffant à juger de leur qualitez aux Simpliftres.

Outre ce que je vous ay fait cy-deuant semer des Oignons auec le Persil, vous en semerez encor d'autres sur quelque planche à part : Et quand il sera gros comme le thuyau des plumes de Poulles, vous le pourrez replanter en rayon au plantoir, pour en auoir de tres-gros.

Si vous en laissez sur la planche où l'aurez semé, il demeurera petit, & se monstrera pluſtoſt hors de Terre, en saison, que celuy qui aura esté replanté.

Durant les grandes Chaleurs d'Eſté il voudra monter à graine ce qu'il faut preuenir, en pilant aux pieds le montant, cela l'arreſte & fait groſſir l'Oignon.

Quand vous verrez qu'il sera hors de Terre, qu'il aura la fueille bien seche, & qu'il sera (comme l'on dit) bien Aouſté, alors vous l'enleuerez entierement, recherchant jusques aux plus petits dans la Planche auec la binette, & le laiſſerez quelques jours secher par monceaux sur son gueret, pour par apres eſtre ſerré en lieu temperé de toutes les qualitez de l'Air, tirant pluſtoſt au ſec qu'à l'humide.

Pour la ſemence, vous prendrez des plus gros qu'aurez reſerué, & les Gelées eſtant paſſées, les planterez en bonne Terre bien fumée & deſchargée de pierres, qui eſt la Terre que deſirent les Oignons; Vous vous ſeruirez de voſtre Huët pour cét effect, en ſillonnant la planche où vous le voulez mettre, non en long, mais en trauers & aſſez profondement; puis vous poſerez vos Oignons au fonds de la raye, à vn bon demy pied l'vn de l'autre; & le recouurirez en faiſant vn ſecond rayon, ainſi vn troiſiéme & vn quatriéme, continuant juſques au bout de voſtre planche.

Quand il eſt en graine, il craint extremement les vents, à cauſe de ſa charge, & la foibleſſe de ſon Thuyau, qui ſe rompt ou courbe facilement, laiſſant choir ſa teſte à Terre, qui

pourrit la graine au lieu de la meurir:
C'eſt pourquoy l'on y remediera en
luy faiſant comme vne petite barriere
tout autour de la planche, ainſi que
j'ay dit aux Salſifix, ou bien mettant
des petits pieux, d'eſpace en eſpace,
auſquels vous lierez quatre ou cinq
deſdits Thuyaux, les approchans &
penchants doucement ſans les corrompre, s'il ſe peut.

La Tige eſtant ſeche & la Teſte,
faiſant paroiſtre la graine à deſcou-
uert, donne vn teſmoignage de ſa maturité; C'eſt pourquoy vous l'arracherez, & apres auoir couppé tous
les thuyaux, mettrez ſecher les teſtes
ſur quelque Nappe; ſeparant la graine qui tombera d'elle meſme ſur la
Nappe, comme la meilleure, & la
mieux conditionnée; puis quand le
tout ſera bien ſec, vous les broyerez
dans vos mains, en en retirãt auec patience & à force de ſecher le plus que
vous pourrez: Si vous ne la voulez
broyer à l'heure meſme, vous lierez

les teftes par bouquets, & les pendrez dans voftre ferre; elle fe conferuera & augmentera en bonté, n'en prenant qu'à voftre befoin.

Il y a tant de tromperie à achepter de la graine, que je vous confeille de n'en prendre pour femer que de la voftre, fi ce n'eft que quelque Amy vous en enuoye pour vous renouueller; Car d'aucuns Marchands vous la vendent trop vieille, & par confequent incapable de germer, ou bien ils l'échaudent: Pour connoiftre la bonne, il en faut mettre vne pincée dans quelque efcuelle, y mettre de l'eau, & la faire infufer fur la cendre chaude, en peu de temps elle pouffera fon germe fi elle eft bonne, finon il la faut rejetter.

Les CIBOVLES de toutes fortes, depuis la plus groffe jufques à la petite Ciuette d'Angleterre, fe plantent de Cuiffes, en en mettant quatre ou cinq enfemble pour en faire vne touffe, & felon la groffeur de la Ciboulle vous les efloignerez, n'y ayant autre foin pour les gouuerner, que de les bien farcler & biner ; & fi vous voulez, fumer auant l'Hyuer.

L'on les pourra laiffer en leur planche, tant d'années que l'on voudra, la plante groffiffant toûjours par les Cayeux qu'elle jette en abondance: Il fera bon pourtant de trois ou de quatre ans l'vn de la releuer ; & de la planter en autre endroit, d'autant que la Terre s'ennuye d'eftre chargée d'vne mefme forte, & s'effritte de la qualité la plus au gré de la plante ; ne la rendant que langoureufe & debile fi elle y fejourne plus long-temps.

L'AIL fera gouuerné comme l'Oignon, le vray temps de le Semer eft à la Chaife S. Pierre ; le temps de le Piler, de crainte qu'il ne monte en graine à la S. Pierre de Iuin ; & le temps de le Leuer de Terre à la S. Pierre d'Aouft, fuiuant le prouerbe des vieils Iardiniers ; à la S. Pierre feme tes Aulx, à la S. Pierre pile tes

Aulx, à la S. Pierre recueille tes Aulx.

Quand vous les aurez amaſſez, vous les laiſſerez bien ſecher ſur le Gueret; puis à la fraiſcheur du matin, vous les lierez par douzaines, auec leurs fueilles meſmes, & leur laiſſerez paſſer la journée au beau Soleil, auant que de les porter au Grenier où en la Serre, les pendans aux Solliues pour ſe conſeruer plus ſechement.

Pour la graine, vous vous gouuernerez comme à l'Oignon.

Les Eschallottes, ou Appetits feront meſnagées comme les Ciboulles, replantant les petits Cayeux pour les faire groſſir, & au Mois d'Aouſt retirerez de Terre ce que vous en voudrez ſerrer, les mettant en meſme lieu que les Ails.

Le Porreav ſera auſſi gouuerné de la meſme façon que l'Oignon, & replanté en rayon au plantoir, le plus auant que l'on pourra, afin qu'il ait le blanc plus long; meſmes il ne faudra remplir le rayon que quelque temps apres, jusques à ce qu'il soit grandy, cela allongera encor le blanc : L'on y fait vne autre façon de plus, qui est quand ils sont au bout de leur accroissement, l'on les couche dans leur rayon les vns sur les autres, ne leur laissant sortir que fort peu de la fueille ; ce qui est dans Terre blanchit, & par ainsi vn Porreau est allongé de moitié, faisant autant de profit que deux autres.

Pour la graine vous reseruerez des plus beaux & des plus longs que vous replanterez au renouueau ; & quand ils seront montez, vous les adjancerez auec des petits pieux & pallissades comme les Oignons, de crainte que les testes ne tombent à Terre ; quand elle sera meure la couperez, secherez, ou serrerez par bouquets, ainsi que l'Oignon.

Les HERBES ODORIFERENTES & autres que deuez auoir ; principalement dans vostre Iardin, sont celles qui se mettent en Sallades & dans les apprets de Cuisine; laissant les autres à vostre discretion, comme Lauande, Souchet, Garderobbe, Bazilic, Ysoppe, Regalisse & autres. Traittons donc icy seulement de celles dont vous ne deuez estre despourueu.

Pour les Sallades, le Baume, l'Estragon, la Perce-pierre, le Cresson Alenois, la Corne de Cerf, la Pimpinelle, & la Trippe-madame, sont celles lesquelles on y employe d'ordinaire, conjointement auec celles que j'ay décrittes aux Sections precedentes, la Sallade estant tant plus agreable qu'il y a diuersité d'Herbes qui la composent.

Aucunes de ces Herbes se Sement, & les autres se plantent de racine, quoy qu'elles portent presque toutes de la graine, mais non si valeureuse pour s'en fournir, que le plant enraciné.

Celles qui se Sement, sont la Corne de Cerf, la Pimpinelle & le Cresson : Les autres se plantent auec racine ; & toutes se gardent fort bien dans Terre, y passant l'Hyuer.

Vous pourrez les laisser tant d'Années que vous voudrez, au lieu où vous les aurez semées & plantées, n'y ayant autre soin que de les biner, & en labourer les Sentiers, de crainte que les meschantes Herbes ne les estouffent.

Les autres qui se portent à la Cuisine, sont le Thim, la Sarriette, la Marjolaine des deux especes, la Sauge aussi des deux especes, & le Romarin ; toutes lesquelles plantes sont assez faciles à faire venir, & vous en fournir plus que suffisamment.

Le Thim se seme & se replante de plant enraciné ; d'vne Touffe en faisant plusieurs petits brins auec racines, esclattant seulement le pied ; & il le faut planter auec le plantoir large, ainsi que l'on fait toute sorte de bouture.

La Sarriette se Seme tous les Ans; C'est pourquoy il faudra estre soigneux d'en recueillir la graine ; & l'Herbe estant seche sera conseruée pour les Assaisonnemens.

De la Marjolaine, il y en a de Franche & d'Hyuer ; la Franche ou petite est fort tendre à la Gelée; C'est pourquoy l'on sera soigneux d'en serrer la graine pour la resemer tous les Ans; celle d'Hyuer ou la grande se pourra perpetuer en quelque lieu que vous voudrez.

Les Sauges Franches & Bastardes, reprennent parfaitemēt bien de bouttures, & de branches esclattées de leur Souche auec racines ; partant vous ne vous penerez d'en faire d'autre façon.

Le Romarin se plante aussi de boutture , & de plan enraciné, esclatté de sa Souche.

Vous ne vous priuerez pas d'auoir de bon Fenoüil & de l'Anis , qui sont plantes qui se sement & gouuernent sans beaucoup de soin.

Il y en a encores beaucoup d'autres, comme Bazilic, Steca, Melisse, Camomille & autres : Vous vous contenterez du peu d'instruction que je vous donne de ces plantes Odoriferentes : La crainte que j'ay de grossir nostre Volume, fait que j'y passe legerement en en ayant dit le plus necessaire : Reste maintenant pour conclure ce Traitté, a y adjouster quelques Plantes, & Arbustes portans Fruict, necessaires à vostre Iardin.

Les FRAISES sont de quatre sortes; des Blanches, des grosses Rouges, des Capprons, & des petites Rouges ou Sauuages ; pour ces dernieres qui sont les petites, vous ne vous mettrez beaucoup en peine de vous en fournir, si vous estes proche des bois où elles abondent ; car les Enfans des Villageois vous en apporteront assez, en leur donnnant peu de chose; Et si vous estes esloigné de ces petites douceurs, vous en pourrez faire quelques

ques Tapis, dans le milieu de quelques-vnes de vos Allées, sans aucun soin ny autre peine que de les planter ; enuoyant querir du plant en motthe où vous sçaurez qu'il y en aura, ou bien les Semer ; ce qui se fait en jettant dessus ce Tapis, l'eau dans laquelle vous aurez laué vos Fraises auant que de les manger.

Pour les grosses Fraises blanches, Rouges & Capprons, vous les planterez par planches quatre rangées à la planche, & chaque plante à vn pied & demy l'vne de l'autre : Le meilleur plan est de prendre des trainasses qu'elles font, & en mettre trois plantes dans chaque trou que vous ferez au plantoir : Le vray temps de les planter est dans le mois d'Aoust.

Pour leur gouuernement l'on les labourera & binera fort soigneusement ; & pour auoir de plus beau Fruict, & plus net, l'on mettra à chaque plante vn petit paisseau, liant doucement les Fruicts auec du foarre;

V

cela fera, qu'outre que le Fruict en fera plus gros, les Limats, Crapaux, Grenoüilles, & autres Animaux nuifibles, ne s'y logeront pas; ce qu'ils feroient si la plante répoit par Terre.

Au temps qu'elles jettent leurs trainasses, il les faudra chastrer curieusement, n'y en laissant aucunes; reseruant à en chastrer quelques-vnes pour y trouuer de ces trainasses, afin d'en planter tous les Ans quelque nouuelle planche; ruïnant celles qui auront plus de quatre ou cinq ans, comme commençantes à deschoir de leur bonté & grosseur.

Il sera bon de les fumer de petit Fumier, vn peu auparauant les grandes Gelées afin de les ameliorer.

Pour la Terre qu'elles desirent, le Sablon leur est plus à goust que la Terre forte; C'est pourquoy vous choisirez la partie de vostre Iardin la plus Sablonneuse pour les loger.

Si vous voulez auoir des Fraises dans l'Automne, vous n'auez qu'à

couper toutes les fleurs qu'elles pouſ-
feront au commencement pour les
empeſcher de fructifier ; elles repouſ-
feront d'autres fleurs par apres, qui
porteront leur Fruict en l'arriere-
ſaiſon.

Des FRAMBOISES, il s'en trouue
de deux couleurs, de Blanches, &
de Rouges; Elles ſe plantent de plan
enraciné, eſclattant vne ſouche en
pluſieurs brins, & les plantant à
quatre doigts l'vne de l'autre, en
rayon ouuert, qui eſt de la hauteur
du fer de la Beſche; comme j'ay dit
cy-deuant, quand j'ay traitté de la
maniere de dreſſer la Pepiniere, où
je vous renuoye pour plus abreger.

Il n'y a autre ſoin outre les labours,
que de tailler le bois mort, & oſter
les jets qu'ils pouſſeront dedans les
ſentiers, & entre deux rangs : Si
vous voyez pourtant qu'à force de
pouſſer ils s'eſtouffaſſent, vous les
pourrez ſoulager, en couppant les
nouueaux jets, & laiſſerez les Vieils

comme les plus francs & capables à porter Fruict.

Les GROZEILLES sont de deux especes, des grosses & Petites blanches, qui ont des Picquerons : Et d'autres Rouges, Blanches, & Perlées sans piquerons, que l'on nomme en Normandie des Gadelles.

Elles se veulent toutes planter, & gouuerner comme les Framboisiers; C'est pourquoy je ne m'y arresteray point d'auantage.

Les CHAMPIGNONS, & toute autre espece semblable, que les Italiens appellent d'vn nom commun à tous *FONGI*, que nous particulariserons & distinguerons en nostre Langue, les nommant Champignons de Bois, qui sont ceux qui viennent aux riues des Forests, lesquels sont tres-larges : Champignons de Prez ou Pastures, qui sont ceux qui croissent ou le Bestail paist ordinairement & ne poussent guere, qu'apres les premiers broüillards d'Automne;

ce sont ceux que j'estime les meilleurs, tant à cause de la beauté de leur blanc par dessus, que de leur couleur vermeille par dedans; outre ce qu'ils sont encor de fort bonne odeur, ce que n'ont pas les autres: Les Champignons de Iardin qui poussent d'ordinaire sur les Couches: Et les Mousserons qui ne viennent qu'au commencement du mois de May, dans les bois cachez sous la Mousse, d'où ils empruntent le nom de Mousserons.

De toutes ces especees, il n'y a que celle sur Couche, que vous puissiez faire venir dans vostre Iardin; & pour ce faire, l'on dressera vne Couche auec du Fumier de Mulet ou d'Asne; & l'on mettra dessus, quatre doigts de menu Fumier dit Terras; & apres que la grande chaleur de la Couche sera passée; l'on jettera dessus toutes les espluchcures, & l'eau ou l'on aura laué ceux que l'on apprestera à la Cuisine, mesmement tous les vieils, & mangez de Vers ou Limats ; & cette Couche vous en produira auec le temps : la mefme Couche pourra feruir deux ou trois ans, & fera tres-bonne à en faire d'autres.

Si vous jettez de cette Eau de laueures fur les Couches à Melons elles en pourront produire auſſi ; l'on dit qu'il y a des Pierres qui eſtát miſes dãs le Fumier menu, ont la vertu que d'en produire en fort peu de temps, & que Monſeigneur le Duc d'Orleans, à vne de ces Pierres ; je m'en rapporte à ceux qui l'ont experimenté

Pour les Morilles & Truffes, il n'y a que certains lieux où elles viennent.

Ie crois vous auoir enſeigné tout ce qui ſe peut cultiuer dans les Iardins, au moins ce qui eſt le plus commun en noſtre France Pariſienne ; les autres Prouinces ayans d'autres plantes particulieres, dont ils nous donnent les defpoüilles à ſi bon marché, qu'elles ne vallent pas la peine de les cultiuer ; Comme par exemple, les Capres, ce

n'eſt pas qu'elles ne viennent fort
bien en ces quartiers cy ; mais cela eſt
embaraſſant, occupant vn grand lieu
pour peu de rapport ; & ne viennent
bien qu'entre les pierres de quelque
vieille Mazure ; outre que c'eſt vne
grande peine de s'aſſujettir à en cueillir les fleurs, pour les confire au Sel,
ce qui vous couſte plus que vous ne
les acheptez.

 Finiſſons ce Traitté & monſtrons
au ſuiuant la maniere de conſeruer en
leur Naturel, & confire tout ce
que vous recueillerez de voſtre Iardin, ſelon l'ordre des Sections, &
des Articles, comme vos Fruicts,
Herbages & Legumes, ſont en leur
rang dans ces deux premiers Traittez.

LE IARDINIER FRANÇOIS.

III. ET DERNIER TRAICTE'

De la maniere de conseruer les Fruicts en leur naturel.

SECTION PREMIERE.

IL n'y a rien qui touche plus viuement les Sens, que de voir dans le profond de l'Hyuer des Fruits aussi beaux, & bons, voire mesme meilleurs que quand l'on les a cueillis. Et alors qu'il semble que les Arbres soient morts pour ne plus reuerdir ; & que par la rigueur du froid voſtre Iardin eſt tellement deſpoüillé de tout, qu'il paroiſt pluſtoſt vn deſert qu'vn lieu de delices ; c'eſt alors que vous gouſtez vos Fruicts auec beaucoup plus de contentement que dans l'Eſté, ou par la trop grande quantité & diuerſité, ils vous ſont pluſtoſt à dégouſt qu'agreables. C'eſt-pourquoy il nous faut eſſayer de vous montrer les moyens les plus certains, & les plus faciles pour les bien conſeruer tout le long de l'Hyuer ; & meſmes juſques à ce que les nouueaux vous incitent à quitter les vieils. Car il eſt des Fruicts, comme des Vins ; ceux que l'on boit les premiers, ſont les plus delicats, & les plus ſeuez ; & ceux que l'on garde pour l'arriere-ſaiſon ſont les plus fermes ou rudes : neantmoins dans leur temps tres-agreables ; mais ſi toſt que les nouueaux ſont faits, & en boitte ; l'on quitte les vieils qui auparauant eſtoient eſtimez tres-excellents : De mesme aussi, si tost que les nouueaux Fruicts approchent de leur maturité, l'on abandonne ceux de l'Année precedente ; & vn plat de Fraizes, de Cerizes, (quoy que toutes vertes) ou de Poires de Hastiueau, sera preferé à la meilleure Poire de Bon-Chrestien que vous ayez.

Pour paruenir à nostre intétion; il sera bó de choisir quelque lieu dans vostre Logis qui soit commode pour en faire vn Fruictier, ou Reseruoir, qui ait les Fenestres & Ouuertures petites à cause de la Gelée, & du grand chaud ; lesquelles vous tiendrez toûjours bien fermées ; n'y laissant entrer aucun Air, & ne vous en seruant que pour la clarté, refermant tous les Vollets quand vous en sortirez : mesmement quand il n'y en auroit aucune, & que la Porte fust petite & basse, ce seroit encor le meilleur, la tenant fermée si tost que serez entré.

Le lieu estant destiné pour vostre Fruictier, vous le ferez garnir d'Aix en Tablettes tout autour; en cas que le lieu soit grand, & que l'on puisse faire dans le milieu des Monceaux, ou Mijols des Fruicts les plus communs, que l'on destine pour les Vallets; & en cas qu'il soit petit, vous vous contenterez d'en mettre de trois costez, reseruant le quatriéme, pour y placer vos Mijols.

Ces Aix seront posez sur des Consoles de Bois, ou de Fer, bien fortes à cause de la charge; deux coste à coste, pour faire la largeur de deux pieds; vous y cloüerez vne petite Latte pardeuant de crainte qu'en maniant les Fruicts ils ne rouflent & tombent: Vous laisserez trois pieds de vuide par bas, pour mettre les petits Monceaux des Fruicts les moins precieux, en les distinguant & separant selon leurs especes; & continuërez des rangs de Tablettes, jusques au plancher d'en-haut, les posant les vnes sur les autres à la distance de neuf à dix poulces.

Pour voſtre plus grande commodité, vous aurez vn Degré de Bois facile à porter, qui ſeruira à vous eſleuer, juſques à la plus haute Tablette quãd vous viſiterez vos Fruicts ; vne eſchelle n'eſtant ſi commode, & laſſant beaucoup plus les pieds, outre le danger qu'il y a, qu'en vous aduançant, & allongeant par trop pour atteindre par fois en quelque lieu eſloigné ; l'Eſchelle pourroit gliſſer ou tourner.

Le temps venu de cueillir vos Fruicts de garde que vous reconnoiſtrez en pluſieurs façons ; Ou quand ils commencent à tomber d'eux-meſmes, ce qui arriue ordinairement apres les premieres pluyes d'Autône, quand l'Arbre raffraichy, & humecté, renfle ſon bois, & deſtache les Fruicts ; ou quand les premieres Gelées vous aduertiſſent de les ſerrer ; ou pour vn temps plus prefix, dans le Decours de la Lune d'Octobre (cecy ſoit dit pour les Poiriers, & Pommiers feulement) commençant à cueillir les plus tendres les premiers, & finiffant par les plus fermes pour leur donner plus de loifir qu'aux autres à s'acheuer de meurir.

Il y a quelques Fruicts qui ne fe veulent manger que Mols, comme les Poires de Grofmenil, les Cormes, Alizes, Azerolles, & autres, lefquels vous laifferez à l'Arbre tant que vous voyez que cheants en quantité d'eux-mefmes, ils vous obligent à les ferrer.

Pour les Neffles, le vray temps de les cuellir eft à la Sainct Luc, afin d'obeïr au Prouerbe.

Quand vous cueillirez vos Fruits, il faudra auoir des Corbeilles d'Ozier bien fortes, pour eftre portées pleines par deux hommes, & vous mettrez vn peu de Foatre au fonds, pour empefcher que le fardeau de celles de deffus, ne froiffe celles de deffous contre la Corbeille.

A mefure que vous deftacherez vos

François. 247

Fruicts, vous en ferez eslection mettant les gros, les moyens, & ceux qui sont tombez d'eux-mesmes, ou que vous aurez abbatus en cueillant les autres, chaque sorte en sa Corbeille à part : Ie ne parle point icy des petits, ou trognonnez, car je suppose que vous en aurez deschargé vos Arbres, beaucoup de temps auparauant, & dés lors que vous auez reconnu qu'ils ne pouuoient profiter, pour donner plus de nourriture aux beaux.

Les Pommes percées de vers, seront mises auec celles qui tombent pour estre mangées des premieres.

A mesure que cueillirez vos Fruits, vous les porterez dás vostre Fruictier, & rangerez les plus precieux sur vos Tablettes, sans qu'ils se touchent, mettant vn peu de Foarre long dessous ; distinguant les beaux d'auec les moindres, par Tablettes particulieres, & mettant les tombez, & verreux en monceau, ainsi que je viens de dire.

Quant aux Poires de Bon-Chreſtien, elles ſe veulent cueillir plus curieuſement que les autres, car celles qui ſont belles & bien colorées, rouges d'vn coſté, & jaunes de l'autre, il leur faut ſceller le bout de la queuë, auec de la Cire d'Eſpagne, pour arreſter la Seue qu'elle ne s'éuapore, puis apres les enuelopper de papier bien ſec, & les mettre dans des Boiſſeaux couuerts, afin qu'elles prennent vne belle couleur blonde eſtant eſtouffées dans ces Boiſſeaux.

Vous prattiquerez le meſme aux Poires de Double-Fleur, de Cadillac, de Thoul, & autres qui greffées ſur le Coignaſſier prennent couleur dés l'Arbre : Car quant à celles qui ſont greffées ſur Franc, elles demeurent ordinairement vertes ; C'eſt-pourquoy ſans y apporter tant de peine ; il n'y aura qu'à les ranger ſur la Tablette, comme j'ay dit cy-deſſus.

Pour les Fruicts qui ſe mangent mols, il les faut mettre en Mijol, &

s'ils ne meurissent assez promptement à voſtre volonté, vous les mettrez dans vn sac à bled, & les ferez blutter par deux personnes ; le heurtement qu'ils se feront les vns contre les autres, les aduancera beaucoup de meurir.

Les Raisins-Musquats ou autres communs se conseruent en plusieurs façons, ou en les rangeant simplement sur du Foarre ; ou en les pendant à des Cerceaux au Plancher & les couurant par deſſus auec du papier, pour les garantir de la poudre ; ou en les mettant auec de la Baſle d'Auoyne, ou de la Cendre dans des Tonneaux, ils se conseruent fort long-temps.

Ie laiſſe icy plusieurs manieres curieuses d'en conseruer, comme, lors que la grappe est en fleur, la faire entrer dans vn Boccal de Verre ; puis eſtant meure la couper, sceller la queuë, & l'attacher en sorte qu'elle pende dans le Boccal sans y toucher,

& aussi bien boufcher l'entrée du Boccal auec de la Cire molle, en forte qu'il n'y entre aucun Air; cela conferue la Grappe jufques aux nouuelles.

Il y a encor beaucoup d'autres moyens que je mefprife à caufe du peu de profit que l'on en tire, & de l'embarras & defpenfe qu'il y faut faire.

Quoy que je n'aye pas cy-deuant enfeigné, comment il fe faut fournir de Mufquats de toutes les couleurs, ce n'eft pas que je l'ignore, car j'en fuis amplement pourueu, mais comme c'eft vne plante qui fe veut gouuerner comme les autres Vignes; j'en laiffe le foin à mes Vignerons, qui dés leur jeuneffe, nourris au trauail de la Vigne, l'experience leur fait connoiftre les fubjections neceffaires, que les Iardiniers n'obferueroient pas auec tant de precautions qu'eux: particulierement au Planter & à la Taille qui font les feules façons que je leur fais faire & dont je me trouue fort bien.

Ie vous diray seulement sur ce sujet que les Mouches de toutes sortes, comme Abeilles, Guespes & autres, les Fouïnes, Lers, & Rats-Verets, sont extremement friands de ce Raisin quand il est bien meur ; pour y remedier il faut mettre des Ails à demy escachez en plusieurs endroits de vostre Treille, & assez proche des Grappes, leur forte odeur les en chassera.

Le plus grand aspect du Soleil de Midy, & l'abry de quelque muraille est le vray lieu que desirent les Musquats.

Pour conclure cette Section, je vous aduertiray de visiter souuent vostre Fruictier, afin que s'il y a quelques Fruicts qui se pourrissent que vous les ostiez, car par leur attouchement ils gasteroient les plus sains: s'il s'en trouue quelqu'vn qui soit rongé des Souris, vous ne l'osterez pas de sa place, car tandis qu'il y aura dequoy manger à celuy-là elles ne toucheront point aux autres ; mais tendez des Sourricieres proche de là, afin de les prendre ; Car d'y laisser hanter les Chats, ils defrangeroient tous vos Fruicts, & feroient leurs ordures dans les Mijols, & sur les Tablettes.

Des Fruicts sechez.

SECTION II.

IL y a quantité de Fruicts que nous sechons au Four que l'on secheroit au Soleil en païs Chaud ; comme en Prouence les Brignolles, en Languedoc les Passerilles ou raisins ; mais puis que la froideur du Climat nous oblige à nous seruir du Four ; je particulariseray icy, de qu'elle façon chacun veut estre seché.

Commençant par les Cerizes, Guines, & Griottes, comme par les premiers que la saison nous presente ;

vous les choisirez bien meures, grosses, & qui ne soient point tournées: Vous les poserez sur des clayes, les rangeant coste à coste, le plus proprement qu'il se pourra, sans qu'elles soient les vnes sur les autres, y laissant les queuës & les noyaux ; puis vous les mettrez dans le Four, qui sera temperé de chaleur, comme quand on a tiré le Pain d'vne fournée ; & les y ayant laissées, tant qu'il aura de la Chaleur, vous les retirerez & les remuerez toutes, en les changeant de place afin qu'elles sechent parfaitement ; puis vous rechaufferez le Four, les y remettant tant de fois, que vous reconnoissiez qu'elles soient suffisamment sechées, pour estre gardées: Vous les laisserez refroidir en Monceau vn jour entier, par apres vous les lierez par bouquets & les serrerez dans des quaisses ou boisseaux bien fermez.

Les Prunes seront sechées comme les Cerizes, & ne seront cueillies que tres-mures; les meilleures à fecher font celles qui tombent d'elles-mefmes, car elles auront plus de chair que celles que vous deftacherez de l'Arbre qui gardent toûjours quelque verdeur.

Pour les plus excellens à faire Pruneaux, on choifit, les Imperialles, Dattes, Sainte Catherine, Diaprées, Perdrigon, Cypre, Brignolles, Damas de toutes les fortes, & faint Iulien pour le Commun du logis.

Si vous voulez accommoder des Prunes à la façon de Brignolles, il vous faut choifir de quelque belle efpece de vos Prunes, comme de Perdrigon, d'Abricot, Moyen-d'œuf, Brignolles ou autres qui auront la peau blanche; les peler fans coufteau en tirant la peau qui quittera ayfement la Prune fi elle eft bien meure; puis ofter les noyaux, fans rompre le Fruit côme j'enfeigneray cy-apres, en parlant des Abricots, faire bien boüillir ces peaux auec peu d'eau, paffer le tout par vn gros linge, & dans ce jus qui fera en confiſtance de Syrop, y tremper vos Prunes à chaque fois que vous les mettrez au Four, en les applatiſſant autant de fois; ſi voſtre jus n'eſt aſſez en Syrop, vous prendrez du jus de Gadelles blanches, bien meures, cela rendra voſtre Syrop fort eſpois, & bien lié.

Les Prouençaux au lieu de les mettre au Four, en mettent à des branches d'Eſpine, à chaque piquer on vne, & les laiſſent ainſi ſecher au Soleil.

Les Peſches s'accommodent de la meſme façon que les Prunes, mais les faut cueillir à l'Arbre; car celles qui tombent outre ce qu'elles ſont trop meures, elles ſe font des meurtriſſeures qui ne ſecheroient qu'à grande peine, & ſeroient deſagreables au mâger: Auant que d'oſter les noyaux, vous les mettrez vne fois au Four, pour les amortir; puis vous les fendrez proprement auec le Couſteau; tirerez le noyau; & les ouurirez, &

applatirez fur quelque table, afin que les mettant au Four elles fe fechent auſſi bien par dedans que par dehors, à cauſe de leur grande eſpoiſſeur ; & au dernier coup qu'elles fortiront du Four, eſtantes encor toutes chaudes, vous les refermerez, & applatirez pour leur redonner leur premiere forme.

Les Abricots feront auſſi cueillis à l'Arbre bien meurs : Il ne fera beſoin de les ouurir pour leur oſter les Noyaux : mais feulement les pouſſer proprement par l'endroit de la queuë, & ils fortiront par le bout. En les fechant l'on ne les ouure pas comme les Peſches, mais l'on les laiſſe entiers, fe contentant de les applatir, afin qu'ils fechent également, & qu'ils s'arrangent mieux dans les boëttes.

Les Poires fe fechent pelées & fans peler, tout de la meſme maniere que j'ay enſeigné cy-deuant ; eſtant pelées, elles en font beaucoup plus delicattes,

licattes, & l'on se sert des peaux pour les tremper dans le jus, ainsi que j'ay dit aux Prunes pelées; l'on leur laisse la queuë & la Teste en les pelant; Il ne gist qu'à faire eslection des bons Fruicts les plus delicats & les plus musquez; comme l'Orenge, le Bon Chrestien d'Esté, la Muscadille, le gros Muscat, le Rousselet, le Bezy-d'airy, & cent autres qui se trouueront excellens.

La Poire ne veut pas estre cueillie trop meure, car cela la rend mollasse.

En Vendanges, vous pourrez mettre parmy vos pelures du Vin blanc doux au lieu d'Eau; & aussi quand ce sera la saison des Cydres, y mettre du Poiré doux, fait sans Eau.

Les Pommes se sechent ordinairement sans peler; & se coupent par moitiées, ostant le Trognon: Vous pourrez en faire boüillir quelques-vnes pour en tirer le jus, afin d'y tremper celles que vous voudrez secher.

Y

Les Raisins de toutes sortes, Muscats & autres, seront aussi sechez au Four sur la Claye; n'ayant autre sujetion que de ne leur donner trop chaud, & les retourner souuent, afin qu'ils sechent égallement : Les Languedochiens les passent dans la Lexiue, auant que de les mettre secher au Soleil.

Ie mettray aussi au rang des Fruicts Secs; les Féves Vertes, lesquelles bien apprestées auec quelque peu de Sarriette seche, qui est le vray assaisonnement des Féves, passeront pour nouuelles.

Pour les secher, vous prendrez des Tendres, qui ont encor la peau ou Robbe verte, & non pas blanche; vous leur osterez cette Robbe (ce que l'on appelle à Paris Fraizer) puis les mettrez secher au Soleil sur des papiers, en les remuant plusieurs fois le jour; vous les retirerez le soir dans le Logis, & les remettrez tous les jours au Soleil, jusques à ce que vous reconnoissiez qu'elles seront bien seches ; qui sera en peu de temps, si le Soleil n'est couuert de nuées : Estant seches, l'on les serrera dans des boisseaux couuerts, les gardant de toute humidité.

Il les faudra laisser tremper, ou infuser dans l'Eau tiede, enuiron demy jour auparauant que de les mettre cuire.

Pour les Pois Verts, l'on choisira des plus tendres ; & tirez de leur cosse seront mis secher comme les Féves ; & auant que de les cuire, seront aussi mis tremper en Eau tiede, adjoustant à leur cuisson vne poignée de fueilles de Pois nouueaux, si vous en auez en vert ; la liant auec du fil, de crainte qu'elle ne se mesle auec les Pois.

Les Morilles & Mousserons seront enfilez, & pendus en quelque lieu à la chaleur, comme le dessus d'vn Four; où là ils se secheront facilement; & si vous n'auez aucun lieu commode, ils seront pendus deuant le feu, ou mis dans le Four vn peu chaud.

Des Confitures au Sel, & Vinaigre.

SECTION III.

LEs Concombres sont les plus gros Fruicts du Iardin Pottager, qui se confisent au sel : L'on les prend ou fort petits (que l'on appelle Cornichons, à cause que l'on choisit d'ordinaire ceux qui sont crochus, d'autant qu'ils ne profitent point en grossissant :) Ou déja gros, mais tendres; n'ayans encor les Pepins durs ; car ils seroient desagreables au manger; Ceux-cy se confisent pelez ou sans peler ; mais il vaut mieux les peler auparauant que de les confire, qu'apres qu'ils sont confits ; à cause de la perte du Sel & du Vinaigre qui aura confy cette peau, qui pour sa dureté n'est pas facile à manger : Ils sont aussi plus propres & plus blancs, estant pelez à l'inſtant que l'on les veut ſeruir, que ceux que l'on pele auant que de les confire, ſi bien que vous en vſerez comme vous voudrez.

Les autres qui ſont les Cornichons, ſe confiſent ſans peler, à cauſe de la delicateſſe de leur peau.

Vous les cueillerez dés le matin, par vn beau temps, leur laiſſant paſſer la journée au Soleil, pour les amortir vn peu, afin qu'ils prennent mieux leur Sel.

Vous mettrez les pelez, ceux ſans peler, & les Cornichons, chacun à part dans des pots de Grets, (car ceux de Terre ſe pourriſſent par la force du Sel qui les penetre, perdans leur Saumure;) & vous les arrangerez proprement, les preſſant le plus que vous pourrez, ſans les froiſſer : vous jetterez par deſſus du Sel en bonne quantité, puis du Vinaigre, juſques à ce que ceux d'enhaut trempent ; autrement il s'y feroit vne moiſiſſeure, qui gaſteroit ceux qui ne tremperoient pas : Cela fait, vous les ferrerez en lieu temperé de chaud & de froid, n'y touchant de six sepmaines au moins, afin qu'ils se confisent parfaitement; voftre Fruictier fera tres-propre pour les bien conseruer.

Le Pourpier que vous confirez, sera pris de celuy que vous aurez replanté, pour eftre plus beau & plus gros : Le vray temps pour le cueillir, eft quand il commence à fleurir ; Si vous voulez l'auoir bien tendre ; car si vous attendiez qu'il fut deffleury pour auoir la Graine (comme l'on le vend ordinairement ;) il feroit trop dur à manger : vous le ferez amortir ou defsecher deux ou trois jours au Soleil ; puis apres le rangerez dans les pots de Grets, le fallant & couurant de Vinaigre comme les Concombres.

Les Capres, les Fleurs de Geneft, la Perce-pierre, l'Eftragon, & autres herbes semblables, feront aufli confites de la mefme maniere que les Concombres & le Pourpier.

Les fonds d'Artichaux se confisent au Sel : mais d'vne autre Methode que les precedens; car ils veulent estre cuits plus qu'à demy ; & estans refroidis & bien esgoutez de toute leur Eau, mesmement essuyez auec des linges pour n'y auoir plus d'humidité ; l'on les rangera dans des pots, & l'on respandra par dessus de l'eau Sallée autant qu'elle le peut estre ; c'est à dire, que pour la rendre jusques à ce point, il y faut mettre du Sel autant qu'elle en pourra fondre, & ce jusques à ce que vous reconnoissiez qu'en y en mettant dauantage, elle n'en puisse plus fondre ; & que le Sel aille au fonds en son entier : Cette Eau se nomme Eau Marinée.

Par dessus cette Eau qui surnagera vos Artichaux, vous coulerez de bon Bœure fondu la hauteur de deux doigts, afin que l'air n'y puisse entrer ; puis le Bœure estant bien refroidy, vous les serrerez auec les Concombres, ou en lieu semblable;

& les couurirez de telle façon, que les Chats & Souris n'aillent manger le Bœure.

Ie presupose que vous les ayez preparé auant que de les mettre dans les pots ; de la mesme façon que quand on les veut seruir sur la Table ; qui est de leur oster tout le Vert de leurs fueilles, & le foin de dedans.

Le vray temps pour ce mesnage est en Automne, quand (en prattiquant ce que j'ay dit cy-deuant dans le second Traitté, au Chapitre des Artichaux) vos plantes vous en produisent de tendres ; ce sont ceux-là que deuez prendre pour Saller, & vous n'attendrez pas qu'ils s'ouurent pour fleurir, mais les prendrez quand ils sont encor en pommes bien fermées.

Quand l'on en voudra manger; vous les ferez dessaler entierement, les changeant d'Eau ; & les remettra-on boüillir encor vne fois auant que de les preparer pour la Table.

Les Asperges, Pois sans Cosse, Morilles,

rilles, Champignons & Moufferons, feront auffi confits au Sel, les ayant fait cuire à demy, & apprefter (chacun felon fa façon) de la mefme manière que les Artichaux.

Vous vifiterez au moins tous les Mois vos pots, afin que s'il y auoit quelque chofe de Chancy; ou que quelqu'vn perdit fa Saumure, vous y apportaffiez remede.

Ie me fuis aduifé, il y a des-ja quelques années, de confire des Cornoüilles; & les ay fait paffer pour des Oliues de Veronne, à beaucoup de perfonnes qui s'y font trompées, la couleur eftant toute femblable, & le gouft peu different: Ie fais cueillir les plus groffes, & mieux nourries, au temps qu'elles veulent commencer à rougir; les ayant laiffé vn petit fannir je les mets dans des pots ou barils, & les emplis d'eau fallée toute femblable à celle que j'ay dite pour les Artichaux; & pour leur donner bonne odeur, j'y adjoufte du Fenoüil vert en branches

Z

& du Laurier ; Puis je boufche bien le vaiffeau, & n'y touche de trois mois apres. Si elles ont pris trop de Sel, l'on les mettra tremper auant que de les apprefter pour les feruir fur la Table.

Des Confitures au Mouſt (ou Vin doux) au Cidre, & au Miel.

SECTION IV.

TOVTES fortes de Fruicts qui fe confifent au Sucre, fe peuuent auffi confire au Mouft, au Cidre, & au Miel ; & il n'y a autre fujettion à choifir ceux qui fe veulent parboüillir auparauant que de les confire, d'auec ceux qui ne s'euerdument point, que celle que l'on feroit fi l'on les confifoit au Sucre : C'eft pourquoy j'aime mieux me retenir dans cette Section, de vous les diftinguer, attendant à vous en donner vne

FRANÇOIS. 267
intelligence tres-ample, en la Section
fuiuäte où je m'eftédray tout au long,
vous enseignant les diuerses manieres
de faire des Confitures liquides; en
ensuiuant l'ordre & le rang des Fruits
que j'ay tenu dans tous les Chapitres
de ce Liure, pour ne rien laisser paf-
ser, sans vous satisfaire, & vous rendre capables de confire, tout ce qui se
recueillira de vostre Iardin propre à
faire Confitures.

Pour descrire icy seulement, les
principales sujettions que l'on doit
obseruer necessairement à confire le
Fruict au Moust ou Vin doux ; vous
prendrez trois sceaux, ou trois pots,
ou trois parties de Moust, selon le peu
ou le plus que voulez confire de
Fruict ; vous les mettrez dans vn
Chaudron ou Poëflon sur le feu, &
prendrez garde si c'est auec du bois
que ferez vostre feu que la flambe
pour estre par trop grande ne brusle
vostre Chaudronnée par quelque costé. Vous ferez boüillir ce Moust juf-

Z ij

ques à la reduction des trois à vn, afin qu'il s'espoisisse & puisse confire suffisamment vostre Fruict, pour estre de garde sans se chancir ny gaster.

Vos Fruicts estans pelez, ou sans peler, selon leurs especes, ou delicatesses que vous y voulez apporter. Ceux qui doiuent estre parboüillis l'estant, & bien esgouttez & sechez de toute leur eau, seront jettez dans ce Moust, & confits les escumant soigneusement, & faisant boüillir jusques à ce que vous voyez que le Syrop soit en bonne consistence, ce qui se connoist en en mettant quelques gouttes sur vne assiette elles demeurent en Rubis, & ne coulent point en penchant l'Assiette.

Le Moust ne sçauroit estre pris trop doux, c'est-pourquoy, si tost que l'on apportera des Grappes bien meures de la Vigne; vous les ferez promptement fouller, & prendrez de ce Moust ce qu'en aurez besoin; blanc, ou rouge, selon ce que voudrez confire;

aucuns Fruicts comme les Coins, les Poires, les Raisins rouges, & semblables, veulent que ce Moust soit de Grappes rouges ; Autres le veulent de Grappes blanches, comme les Noix, les Raisins Musquats, & autres à qui on desire conseruer la blancheur.

Aux Fruicts que confirez, où il faudra du Vin rouge ; vous y mettrez pour releuer le goust, la Canelle, & le Cloud de Giroffle les enfermant dans vn petit nouet de linge afin qu'ils ne se meslent auec les Confitures & se perdent ou consomment dans le Syrop : Et à ceux qui voudront le Vin blanc, vous n'y mettrez que le Fenoüil vert, l'enfermant aussi dans vn linge.

Le Raisiné se fait en prenant de belles Grappes rouges des plus meures, & ne les cueillans que l'apresdisnée au grand Soleil, afin que toute l'humidité en soit bannie ; Vous les mettrez en quelque grenier de voſtre logis, où l'air & la chaleur donnent aiſement, les eſtendant ſur des Tables ou Clayes, pour là les laiſſer quinze jours au moins ſe reſſuyer & amortir; à faute qu'il ne faſſe beau Soleil, ou que le temps ſoit froid, vous les mettrez vn peu au Four bien temperé de chaleur; Apres quoy vous les preſſerez dans les mains en leur oſtant toutes les Raffles ou Raſteaux, & mettrez peaux & jus boüillir dans le Chaudron en l'eſcumant ſoigneuſement, & oſtant le plus de Pepins que vous pourrez; vous ferez reduire le tout à la troiſiéme partie, diminuant le feu à meſure que voſtre Raiſiné s'eſpoiſſit, & le mouuant ſouuent auec vne Gaſche ou Cueillier de bois, de crainte qu'il ne s'attache au Chaudron, & pour le faire cuire eſgallement; eſtant reduit, vous les paſſerez à trauers vne Eſtamine ou gros linge, froiſſant les peaux auec la Cueillier de bois pour en exprimer toute la ſubſtance; & de plus vous les presserez en tournant l'Estamine ou auec des Presses : Cela fait vous les remettrez encor sur le feu, & le recuirez tournant incessamment tant que le jugiez assez cuit ; puis vous le tirerez du feu, le versant dans des Terrines, de crainte qu'il ne contracte quelque mauuais goust du Chaudron ; estant demy froid, le mettrez dans des pots de Grets ou Fayance pour le conseruer.

Vous laisserez vos pots descouuerts cinq ou six jours ; puis vous y mettrez vn papier, tout de la rondeur du dedans de vostre pot ; lequel touchera par tout à vostre Raisiné : & quand vous visiterez vos pots, si vous voyez que vostre papier soit chancy, vous le leuerez y en remettant vn autre ; & ce tant de fois que vous y verrez du moisy ; qui sera jusques à ce que toute l'humidité superfluë soit euaporée, alors il ne chancira plus, si ce n'est que vostre Raisiné ne soit pas assez cuit, auquel cas il le faudra recuire, puis vous le couurirez à demeurer.

Pour faire de la Mouſtarde à la mode de Dijon, il ne faudra que prédre de ce Raiſiné, & y mettre de la graine de Seneué moulluë ou broyée bien deliée dans vn mortier; eſtant bien meſlez enſemble y eſteindre des charbons ardens pour oſter l'amertume du Senené; puis apres la mettre dans des Barillets ou Pots de Grets que boucherez bien, & les ſerrerez pour s'en ſeruir au beſoin.

L'on confit auſſi toutes ſortes de Fruicts au Cidre de Poire fait ſans eau, en le faiſant reduire au tiers par l'ebullition, de la meſme façon que j'ay dit au Mouſt.

Pour confire au Miel, vous prendrez du plus eſpois & plus dur reſſemblant au Sucre, & le ferez boüillir dans vne Poëſle à Confitures, l'eſcumant bien curieuſement, & remuant de crainte qu'il ne bruſle; Pour voir quand il ſera cuit, faut prendre vn œuf de Poule, & le mettre ſur vostre Miel, s'il enfonce il n'est pas assez cuit, & s'il flotte dessus, il le sera en bonne consistence pour confire vos Fruicts : Vous sçaurez que le Miel est fort aisé à brusler ; c'est-pourquoy vous acheuerez vostre cuisson à petit feu, remuant souuent le fonds de vostre Chaudron auec vostre Gasche, de crainte qu'il ne brusle.

Des Confitures liquides au Sucre.

SECTION V.

QVoy que je deurois icy commencer par les Amandes, Groseilles, Abricots verts, & Fruicts rouges, comme les premiers qui se presentent pour estre confits ; neantmoins, j'ay estimé qu'il valloit mieux suiure l'ordre que nous auons desja tenu que d'entre-mesler les Articles, où parauenture j'en pourrois oublier quelqu'vn, ce qui vous donneroit du mescontentement.

Nous commencerons donc par les POIRES comme celles à qui j'ay donné le premier rang, & diray que chez les Confiseurs de Paris, il ne s'en trouue que de quatre ou cinq sortes qu'ils gardent au liquide pour faire secher à mesure qu'ils en ont de besoin pour le debit; Ces Poires sont la Muscadille, le gros Muscat, le Blanquet, le petit Rousselet, & l'Orenge; neantmoins toutes sortes de Poires se peuuent mettre au Sucre; vous prefererez pourtant les Fruicts delicats à ceux qui sont fermes.

Pour paruenir donc à nostre intention vous pelerez proprement vos Fruicts faisant la peau la plus deliée que vous pourrez, & leur osterez la teste, laissant la queuë entiere & ratissée aux plus petites; & vous couperez les plus gros par moitié, leur ostant le Trognon, & ne leur laissant qu'vn bout de queuë: A mesure que vous les pelerez vous les jetttrez dans l'eau fraische, de crainte qu'elles ne noirciffent ; en apres vous les ferez parboüillir ou euerdumer pour aider à la Cuiffon, & les rendre plus preparées à receuoir le Sucre ; puis vous les tirerez de l'eau & les efgoutterez fur quelque Claye ; cela fait vous les peferez, & mettrez au moins autant de liures de bon Sucre qu'il y aura de liures de Fruict : vous cafferez voftre Sucre, en forte que le plus gros morceau n'excede en groffeur vne Châftaigne : vous mettrez voftre Fruict dans la Poëfle, & poudrerez voftre Sucre par deffus, y jettant vn peu d'eau pour ayder à le fondre feulement ; apres vous mettrez voftre Poëfle fur le feu, & confirez voftre Fruict le plus promptement que vous pourrez, afin que le boüillon furnageant continuellement le Fruict, il le cuife efgallement.

Vous aurez toûjours l'efcumoire à la main pour changer voftre Fruict de place, & efcumer continuellemēt; & ne leuerez voftre poifle de deffus le Feu, que vous ne jugiez que voſtre Fruict ſoit confit; ce que vous pourrez remarquer par le boüillon, qui s'abbaiſſant ne fera tant de Mouſſe ou de bouteilles qu'au commencement, & par les gouttes de Syrop que mettrez ſur vne aſſiette, ſi elles ne coulent point: alors vous tirerez voſtre poiſle de deſſus le Feu, & verſerez vos confitures dans quelque Terrine, de crainte que ſejournantes dans la Poiſle, elles ne contractent quelque mauuais gouſt, prouenant du Cuiure; vous les laiſſerez trois ou quatre jours repoſer dans cette Terrine, en lieu exempt de la poudre ſans les couurir; afin que toute l'humidité du Fruict s'éuapore, & que le Fruict prenne Sucre; au bout deſquels, vous pancherez voſtre Terrine; & s'il y a quelque eau qui ſurnage le Syrop, vous l'eſgoutterez, puis renuerſerez vos Confittures dans voſtre poiſle, afin de les faire recuire ſi elles en ont de beſoin; & les laiſſerez vn peu refroidir, auant que de les mettre dans les pots pour les conseruer ; vous les laisserez quatre ou cinq jours sans les couurir ; au bout desquels, s'il y a quelque humidité dessus vous l'esgoutterez ; puis vous les couurirez comme j'ay dit cy-deuant, y mettant vn papier de la rondeur du pot qui touche le Syrop: Et si vous les trouuiez assez cuittes du premier coup, apres les auoir esgouttées ; vous vous contenteriez de les faire chauffer sans les vuider de la Terrine, en les mélant auec la gasche ou l'escumoire; & estant vn peu refroidies, vous les mettrez dans les pots, comme je viens de dire.

L'on confit aussi des Poires & autres Fruicts pour estre mangez chauds, ce que l'on appelle Compotes ; comme par exemple le petit Certeau, & autres selon la coustume du païs où vous serez.

Pour les confir, vous les pelerez comme j'ay dit cy-dessus, & les mettrez dans vn pot de Terre Neuf; à vne liure de Poires, il fuffit d'vn bon cartron de Sucre, auec la moitié d'vn demy-feptier de bon Vin Vermeil, & de l'eau jufques à ce que celles d'enhaut trempent: vous les couurirez du couuercle, & les ferez boüillir à feu mediocre, les remuant de temps en temps, pour ne les laiffer attacher au pot ; & quand elles feront à demy cuittes, vous y mettrez de la Canelle & du Cloud de Giroffle, les acheuant de cuire à petit feu, jufques à ce que le Syrop foit affez fait à voftre volonté.

Pour les feruir fur table, vous les rangerez proprement fur vne affiette en Roze, les montant les vnes fur les autres en pointe de clocher; puis le Syrop eftant vn peu refroidy, vous le verferez par deffus, afin qu'il arroufe voftre Fruict de tous coftez.

Quant aux POMMES, il s'en confit fort peu au Sucre, fi ce n'eft en compofte, (c'eft à dire pour eftre mangées chaudes) mais pour garder, l'on n'en fait guere, à cause qu'elles sont mollasses, & n'ont pas grand goust.

 Pour les Compostes, celles de Caluil seront confittes sans peler, & entieres, leur ostant seulement le Trognon le plus proprement que l'on pourra, en le creusant par l'endroit de la queuë auec vn cousteau fort, estroit comme ceux d'Angleterre; puis seront par-boüillies & bien esgouttées auant que d'estre mises dans le poëslon : A vne liure de Fruict, il faut au moins six onces de Sucre, pour faire vn beau Syrop en Gelée; & au lieu d'eau, vous ferez boüillir des pelures de pommes de Renette ou Cappendu ; & les ayant passées & pressées à trauers vne estamine ou gros linge; vous prendrez de ce jus, & en mettrez vne suffisante quantité pour confir vostre Fruict, le moins que vous pourrez pourtant, de crainte qu'il ne se depece : vous le ferez cuire à grand feu de Charbon (celuy

de bois eſtant du tout incommode au Sucre) afin que le Boüillon ſurnageant le Fruict le cõfiſe eſgallement; vous remuërez ſouuét voſtre Fruict, l'eſcumant & tournant auec vne petite gaſche de bois, qu'aurez faite de quelque rond de Boëtte à Confittures; c'eſt vne petite vſtancille fort propre à manier le Sucre, tant en Confittures au Liquide qu'au Sec, Paſtes, Conſerues, & Maſſepans ; d'autant que l'on eſcume, tourne & meſle tout ce qui eſt dans le Poiſlon juſques au fonds: voſtre Fruict eſtant cõfit, vous tirerez voſtre Poëſlon du feu, & le laiſſerez preſque refroidir auant que de tirer vos Pommes, les roulant doucement dans leur Syrop auec la gaſche, puis les tirerez & poſerez ſur leur trou, afin qu'elles s'eſgouttent; en apres vous les dreſſerez en Piramide ſur vne aſſiette, vne au milieu, ſix autour, trois deſſus, & vne ſur les trois qui fera la pointe; vous verſerez vos eſgouttures dans le Poëſlon,
&

& ferez cuire voſtre Syrop ſur vn petit feu, juſques à ce qu'il ſoit en Gelée; le remuant ſouuent, de crainte qu'il ne bruſle; puis quand vous voudrez ſeruir voſtre Fruict; vous le reſpandrez auec vne cueillere d'argent ſur vos Pommes, les arrouſant de tous coſtez, cela fera vn Cotignac ou Gelée qui ornera de beaucoup voſtre fruict, rempliſſant auſſi le fonds de l'Aſſiette.

Les Pommes de Capendu, & Renette ſe pelent & ſe confiſent entieres ou par moittiées, leur oſtant auſſi les Trognons, & leur faiſant vne gelée auec leurs peaux, comme j'ay dit cy-deſſus.

Aux vnes & aux autres, ſi vous y voulez adjouſter le Vin; vous mettrez le rouge au Caluil, auec la Canelle & le Girofle, & le blanc aux autres auec le Fenoüil; cela augmentera de beaucoup leur gouſt.

Auec de la Pomme, l'on contrefait des Prunes, qui eſt en les couppant par quartiers, & de chaque quartier en tailler vn petit plotton, l'arrondiſſant en pointe par les deux bouts, de la meſme forme d'vne Prune; puis les faire parboüillir, & de leurs pelures en tirer le jus pour eſpaiſſir la gelée, en les confiſant comme cy-deuant : eſtant cuittes l'on les dreſſe ſur l'aſſiette, en forme de pointe de Clocher ou Piramide; c'eſt vn plat fort agreable à voir, & qui ſurprend à l'abord ceux qui n'en ont point encores veu, ne pouuant dire ce que ce peut eſtre.

Vous pourrez faire de la Gelée de Pommes à part, en tirant du jus des peaux & Trognons, dont vous aurez oſté les Pepins auant que de les mettre cuire ; eſtans bien cuits en eau, paſſez à l'Eſtamine & bien preſſez; vous mettrez dans ce jus du Sucre en ſuffiſante quantité ; ce que l'experience vous apprendra, y en mettant pluſtoſt plus que moins, faiſant cuire cette Gelée en bonne conſiſtence, remuant inceſſamment ; puis vous la paſſerez à trauers quelque morceau de linge de Quintin, la coulant dans des Boëttes pour garder en forme de Cotignac, ou ſur des Aſſiettes pour la ſeruir ſur la Table ; deſquelles Aſſiettes ſi vous voulez vous en prendrez quelques-vnes, que couperez en petites bandes, pour orner les bords de vos Plats de Compoſtes ; ou pour (tirant à l'eſpargne & meſnage) en ſeruir peu, les entrelaçant en Treillis ou figure de Serpenteaux ſur des Aſſiettes.

Pour ce qui eſt des Paſtes, je n'en parleray qu'à la Section ſuiuante quand je traicteray des Confitures ſeches, d'autant qu'elles ſe font toutes preſque de la meſme façon.

Les PRVNES ſe confiſent pelées & ſans peler en leur laiſſant les Noyaux, & rauſſera-on ſeulement les queuës pour les rendre plus vertes ; l'on les jettera dans l'eau à meſure que l'on les pelera ; elles ſe veulent cueillir pour confir, & non pas ramaſſer celles qui tombent ; le vray temps pour les cueillir, eſt quand celles qui prennent couleur commencent à rougir ; les plus excellentes que l'on choiſit, ſont le Perdrigon, l'Imperialle, la Diaprée, d'Abricot, la Brignolle, l'Iſleuert, Ste Catherine, de Roy, & autres qui ſe trouuent tres-bonnes ; celles que l'on pele ordinairement, ce ſont celles de qui la peau deuient rouge en meuriſſant ; laiſſant les autres ſans peler, ſi ce n'eſt pour plus grande delicateſſe ; car pour ce qui eſt du gouſt, la peau de toutes ſortes de Fruicts eſt la partie la plus fauoureuſe de tout le Fruict : l'on les fera parboüillir ou euerdumer dans peu d'eau, & eſgoutter comme nous auons dit cy-deuant ; puis ayant mis à chaque liure de Fruict cinq quartrons de bon Sucre caſſé, auec vn peu d'eau de celle dans laquelle elles auront eſté parboüillies ; l'on jettera le tout dans la Poëſle, & la mettra-on sur le Fourneau, où le charbon ne sera qu'à demy allumé, afin qu'en s'acheuant d'embrazer, le Sucre ait loisir de fondre, & que la Poëfle ne brûle point: vous remarquerez cecy, qu'à toutes Confittures au Sucre, le Charbon ne doit eftre qu'à demy allumé, quand l'on commence à Confir, pour les caufes que je viens de dire; & s'il fe peut, il faut tafcher à les faire toutes d'vne cuitte; c'eft à dire, fans les tirer de deffus le feu, que vous ne croyez qu'elles foient faites; car de les tant remettre de fois fur le Feu, cela diminuë beaucoup de leur couleur, & fait brufler le Syrop, qui s'attache au haut de voftre Poëfle ou Baffine: Il fuffit que vous vous y teniez attentif, efcumant foigneufement, & retournant ou faifant rouler le Fruict dans fon Syrop, auec le dos de l'efcumoire ou la gafche, le faifant toûjours boüillir par deffus le Fruict; & lors que vous verrez que le boüillon s'allentira; c'eft vn figne qu'il approche de fa

Cuisson; ce que vous reconnoistrez encor, par les gouttes que mettrez sur vne assiette, & qui ne couleront point.

Vostre Confitture estant faite, vous les tirerez du feu, & la gouuernerez de la mesme façon que j'ay dit aux Poires.

Si vous voulez en dresser dans des Tasses; quand elles seront suffisamment cuittes, & presque refroidies; vous les esgoutterez de leur Syrop, & les rangerez proprement dans les Tasses, sans les presser par trop; puis au bout de deux ou trois jours, vous les esgoutterez encor s'il y a quelque humidité, & ferez rechauffer le Syrop; s'il est trop clair vous le recuirez, puis le coulerez à trauers le Quintin sur vos Prunes, sans les destacher de la Tasse; & le Syrop surnageant par dessus, les guarantira de Chancir; vous les laisserez descouuertes trois jours, & apres leur mettrez vn rond de papier de la grandeur de la Tasse, qui touchera au Syrop; afin que s'il chanciſſoit, l'on en changeat; cela fait que les confittures paroiſſent beaucoup, & ſans comparaiſon plus belles quand on a leué ce papier, qui auec ſoy entraîne toute la Chanciſſeure ou Candiſſeure, qui d'ordinaire ſe fait en forme de peau ſur toutes les Confittures, auſquelles on ne met point ce papier.

Pour les Compoſtes de Prunes que l'on veut manger chaudes, vous ne mettrez que demie liure de Sucre à la liure de Fruict; & pour la propreté, l'on leur coupe la moitié de la queuë, qui reſte pour les prendre auec les doigts, ſi l'on ne ſe veut ſeruir de fourchettes.

Les AMANDES & ABRICOTS VERTS, ſont les premiers Fruicts qui ſe confiſent; l'on les prend tendres, auparauant que le bois du noyau commence à ſe durcir; Pour les Confir, l'on les fait euerdumer dans l'eau claire, y mettant vn peu de bon

Tartre pour deſtacher la bourre qui eſt deſſus; puis apres l'on les eſſuye chacun à part, pour oſter cette bourre, & l'on les confit comme j'ay monſtré cy-deuant, mettant ſeulement liure à liure de Sucre & de Fruict: ſi c'eſt pour manger en Compoſte, il ſuffira de demie liure de Sucre à la liure de Fruict.

Les ABRICOTS eſtans en leur parfaite groſſeur, ſe confiſent pelez & ſans peler; l'on leur pouſſe le Noyau comme j'ay dit cy-deuant aux Abricots ſechez; les plus verts, l'on les fait vn peu euerdumer, puis ſans les ſecher ſont pris auec l'eſcumoire, & mis dans le Sucre caſſé, auec vn peu d'eau; en apres vous les confirez, & gouuernerez juſques à la fin, de la meſme façon que les Prunes: Il faut cinq quartrons de Sucre à la liure de Fruict.

Qnand à ceux qui ſont trop meurs, pelez & non pelez, il les faut mettre parmy le Sucre caſſé, auec fort peu
d'eau,

d'eau, sans les faire parboüillir auparauant ; & il ne faut craindre qu'ils se defpetent ; car la force du Sucre les faifit, & l'on les retire de la poëfle plus entiers, (s'il faut ainfi dire) que l'on ne les y a mis.

Aucuns y mettent les Amandes de leurs Noyaux, en en placeant vne à chaque vuide, d'entre les Abricots qui font dans les Taffes ; fi vous en voulez mettre, je vous confeille de les faire confir à part, dans vn peu de Sucre ; car fi vous les mettiez fans cuire, ils feroient defcuire voftre confiture, & elle chanciroit.

Quelques-vns auffi confifent les Abricots d'vne autre maniere, qui eft de les peler, & au lieu de les mettre dans l'eau, ont du Sucre en poudre qu'ils jettent par deffus ; les laiffant infufer vn jour ou deux, tant que le Sucre foit fondu ; puis ils les mettent fur le feu, & les ayant retirez apres le premier boüillon, les laiffent repofer encor deux autres jours dans leur

Syrop ; au bout desquels ils les acheuent de cuire, & mettent les Abricots dans les Pots ; puis ils font recuire le Syrop, & le verfent par deſſus ; cette façon de Confir eſt embaraſſante, & ne fait pas ſi bien que celles que je vous ay dit cy-deuant.

L'on fait auſſi de tres-bonne Marmelade d'Abricots, Peſches & autres Fruicts propres à ce ſujet ; en les prenant bien meurs, & les faiſant cuire auec le Sucre, y mettant la moitié de demy-ſeptier d'eau, à deux liures de Sucre, & trois liures de Fruict ; vous la cuirez en conſiſtence pour garder, puis la mettrez dans les Pots & Taſſes, en la couurant & gouuernant comme les autres Confitures.

Il faut que je faſſe icy vne petite digreſſion, touchant le Sucre ; & que je diſe, qu'il y a vn vieil erreur qui s'eſt toûjours prattiqué, parmy beaucoup de ceux qui ſe meſlent de faire des Confittures : C'eſt qu'ils cuiſent leur Sucre à part, juſques en conſiſtéce de parfait Syrop, l'efcumant foigneufement; puis ils mettent leur Fruict dedans & le confifent; quand à moy, l'experience m'a fait connoiftre qu'ils fe trompent tres-lourdement, pour les raifons que je vous vais declarer; qui font que le Sucre eftant en Syrop, a exalé (auec l'eau qu'ils y ont mis) la meilleure, & plus fubtile qualité du Sucre, qui penetre & faifit plus viuement le Fruict; ce qu'au contraire, celuy qui eft déja en Syrop, ne peut confire que le deffus, à caufe qu'il eft engraiffé, & efpoiffy par la cuiffon; outre cette raifon, jamais le Syrop ne prend que bien peu le gouft du Fruict, qui eft vne chofe fort defagreable.

Les ALBERGES & PESCHES, comme elles font affez femblables aux Abricots, auffi veulent elles eftre confites de la mefme façon, en tout & par tout; C'eft pourquoy je n'en diray rien dauantage; de crainte que par vne fuperfluité de difcours je ne

Bb ij

LE IARDINIER
groſſiſſe par trop noſtre Volume.

Les Coings eſtrans des Fruicts tres-durs, veulent eſtre confits d'autre façon que les tendres : Pour y paruenir, ils feront pelez proprement, coupez par quartiers, & les Trognons eſtant oſtez, feront jettez dans l'eau claire : Par apres feront mis boüillir, juſques à ce qu'ils approchét d'eſtre cuits; puis l'on y mettra de bon vin blanc, & continuera-on à les faire cuire, tant que vous voyez qu'ils ſe veulent deſpecer ; alors vous les tirerez du feu, & les mettrez eſgoutter & ſecher : Cela fait vous les confirez comme les autres Fruicts precedens, trois quartrons de Sucre eſtans ſuffiſans, pour chaque liure de Fruict, y adjouſtant la Canelle & le Cloud de Giroffle; & feront mis dans les pots au ſortir de la Poëſle, ſans autre obſeruation que de les poſer en lieu ſec.

Le Cotignac à la mode d'Orleans, ſe fait en mettant boüillir en eau claire, les peaux des Coings, & les Tro-

gnons, y meflant auffi la Gomme que
tirerez des Pepins, qu'aurez fait tremper ; laquelle pafferez à trauers vn
linge, pour les en feparer, auant que
de la mettre parmy les peaux ; le tout
ayant bien boüilly, le faudra paffer
par l'Eftamine, puis ferez cuire ce jus
tant qu'il efpoiffiffe ; y adjouftant du
vin blanc François, ou Bourguignon;
d'autant qu'il y a des vins qui noirciffent en cuifant, comme font tous
les vins d'Orleans, de Blois, & quelques autres ; vous y mettrez du Sucre
à proportion du jus que vous auez,
ne vous en pouuant dire la doze, parce que ce fera, plus ou moins, felon
que voftre jus fera fort ou foible; l'experience vous le fera connoiftre dés
le premier coup : cela fait vous le mettrez cuire à feu mediocre, en l'efcumant bien, & le remuant fouuent
auec la Gafche, pour l'empefcher de s'attacher à la Poëfle &
quand vous reconnoiftrez qu'il fera
cuit en confiftence de Gelée forte;

vous le tirerez du feu, le verſant à trauers quelque linge delié, ſur les mouſles de plomb figurez, ou tout d'vn coup dans les Boëſtes où vous le voudrez conſeruer.

Eſtant bien froid, pour retirer celuy des Mouſles, & le mettre dans des Boëſtes; faudra faire chauffer de l'eau dans quelque Chaudron, tremper le Mouſle dedans juſques au bord, puis le coeffant auec le fonds de la Boeſte, retourner les deux enſemble s'en deſſus deſſous; le Cotignac quittera le plomb, & tombera dans la Boeſte, laquelle vous eſgoutterez de l'eau qui pourroit y eſtre auec le Cottignac, qui ſera fondu par l'eau chaude, en ſe deſtachant du Mouſle : Vous les laiſſerez deux jours ſans couurir, au bout deſquels vous les fermerez, & ſerrerez en lieu ſec.

Si pendant l'Année ce Cottignac chanciſſoit, ou candiſſoit, ou bien qu'il y tombaſt quelque ordure; il faudroit faire chauffer de l'eau claire,

& en verfer par deſſus, cela emportera toute l'ordure, & il ſera auſſi beau que s'il venoit d'eſtre fait.

Les Noix ſont les Confitures les plus longues à faire de toutes; l'on les choiſira tendres, auparauant que le bois ſe face à la Coquille; & les pelera on proprement, leur baillant trois ou quatre coups de couſteau à chacune, en long & non en trauers, afin qu'en boüillant elles ſoient mieux penetrées; à meſure que l'on les pelera, l'on les jettera dans l'eau tiede, & les fera-on infuſer en grande eau, ſur la cendre chaude, juſques au lendemain, que l'on les mettra boüillir en nouuelle eau, & eſtant tirées du feu & eſgouttées, ſeront miſes derechef infuſer dans d'autre eau, & cela vous le reïterez tant de fois, que reconnoiſſiez qu'elles n'ayent plus d'amertume; apres quoy vous les acheuerez de cuire en bon vin blanc François, à vn cent de Noix, vne pinte de vin, & autant d'eau, y mettant gros comme vne Noix feche de bon Salpeftre pour les mieux penetrer, & defamertumer; au deffaut de Salpeftre, vous y mettrez gros comme la moitié d'vne Noix de Sel ; puis quand vous verrez qu'elles feront cuites & qu'elles fe voudront defpecer vous les tirerez hors de l'eau, & les mettrez bien efgoutter & fecher dans quelque linge, ce qu'eftant fait vous les larderez de bonne Efcorce de Citron, & les mettrez confir comme les autres que j'ay dites cy-deuant, y adjouftant vn peu d'eau pour faire fondre le Sucre & les affaifonnant de Canelle, & de Cloud de Giroffle ; il fuffira de trois bons quartrons de Sucre pour liure de Noix que peferez à l'heure que les voudrez mettre dans le Sucre: eftant confites & le Syrop reduit en bonne confiftence, vous les verferez dans les pots, les laiffant defcouuerts quelques jours comme les autres.

Les CERIZES que l'on voudra confir, feront choifies les plus grofses, mieux nourries, & non tournées; l'on ne les prendra trop meutes, mais quand elles auront vne couleur viue & vermeille par tout; celles de la Vallée de Montmorency sont fort en estime pour leur bonté; C'est-pourquoy l'on prendra son temps, quand l'on commence à les apporter à Paris, & ne pas attendre la fin de la saison, où l'on n'en peut auoir que de lieu ombragé; car vous sçaurez, qu'en toutes sortes de Fruits, les premiers qui se mangent en chaque saison (pourueu que l'on leur donne le temps de meurir) sont toûjours les plus excellens au goust, & les mieux conditionnez; les autres n'estans que comme des regains, qui par debilité n'ont peu accompagner les premiers en maturité.

 Pour confir vos Cerizes sans Noyau, il faut les pezer auant que d'en tirer les Noyaux; puis auec le plus de propreté que vous pourrez, tirer le Noyau en pressant doucement la Cerize du bout des doigts, & tirant la queuë de l'autre main il sortira aisement sans la deschirer : Vous les jetterez à mesure dans vostre Poësle où il y aura du Sucre en poudre, que vous aurez aussi pezé auant que de l'y mettre; vous verrez par le poids, ce qu'il y aura à desduire pour les queuës & Noyaux, afin de garder la doze necessaire du Sucre qu'il conuient mettre à chaque liure, qui est cinq quartrons de Sucre, pour liure de Cerizes, si vous les voulez faire belles à presenter, & qu'il y ait de beau Syrop : Ie sçay bien qu'il seroit plus expeditif, apres leur auoir osté les Noyaux, de les peser dans quelque papier; mais cela les gasteroit & patroüilleroit, ce que la Cerize ne peut souffrir à cause de sa delicatesse, se tournant facilement, & aussi qu'elle perdroit beaucoup de son jus: Pour fondre le Sucre vous y mettrez quelque peu de jus de Cerizes, qu'aurez pressées dans vn linge (les tournées

FRANÇOIS. 299
feront affez bonnes pour cela :) Vous
mettrez la Poefle fur le feu, le Charbon n'eftant qu'à demy embrazé,
pour les caufes que j'ay dites cy-deuant; vous cuirez vos Cerifes tout
d vn boüillon, puis vous les tirerez
du feu les laiffant prefque reffroidir,
& les drefferez dans vos Pots & Taffes.

Si vous voulez en dreffer dans des
Taffes à la maniere des Prunes, n'en
mettant qu'vn lict, & les laiffant
deux ou trois jours fans y mettre le
Syrop, & le rond de papier qui touche au Syrop, elles feront belles à
merueilles.

Quelques-vns y mettent du jus de
Gadelles, mais elles changent le gouft
de la Cerize par leur acidité, & rendent le Syrop trop lié en Gelée; Si
pourtant vous voulez tirer au mefnage en y en mettant, il ne faudra qu'vne liure de fucre, à vne liure de Fruit.

Pour Framboifer vos Cerifes à la
place du noyau de chaque Cerize,

vous y mettrez vne Framboise rouge, les ayant pesées auparauant, pour euiter confusion à la doze du Sucre qu'il y faudra mettre.

Les Cerizes où l'on n'ostera point le noyau, seront piquées chacune en deux endroicts auec la pointe du cousteau ; cela empesche qu'elles ne creuent, & quittent leur peau ; vous les confirez comme dessus, vne liure de Sucre suffisant à vne liure de Fruict.

Les GRIOTTES estant vne espece de Cerizes, seront confites de la mesme façon que les Cerizes, si vous y voulez mettre le jus de Gadelles, cela réueillera leur goust qui est assez plat; elles se veulent confir bien meures à cause de leur fermeté.

Le Syrop de Cerizes, se fait auec du jus de Cerizes bien meures, que passerez à trauers vne estamine, ou linge fort, & y adjoustant le Sucre, vne liure à chaque pinte de jus, vous le cuirez en consistence de Syrop.

Pour faire la Gelée de Cerizes ; il

faut passer des Cerizes, & y adjouster vn tiers de jus de Gadelles, puis à chaque pinte, mettre vne liure & demie de Sucre, & la cuire à petit feu, en tournant toûjours de peur qu'elle ne se brusle; & pour connoistre quand elle sera faite vous en mettrez quelques gouttes sur vne assiette; si estant refroidies, vous les pouuez leuer auec la pointe du cousteau, la Gelée sera faite, sinon il la faudra recuire : Vous la mettrez dans des boestes comme le Cottignac.

Il y en a qui font des confitures de Cerizes sans Sucre en passant force jus de Cerizes & Gadelles ensemble, le faisant cuire, & le reduisant jusques au tiers, puis le mettent dedans leurs Cerizes ; c'est vne commodité pour ceux qui n'ont point de Sucre, mais ce n'est pas vn grand ragoust pour les bouches delicates.

Aux Compostes de Cerizes, l'on y laisse la moitié de la queuë & le noyau par consequent; ce n'est d'ordinaire qu'à la nouueauté que l'on en sert sur Table; il suffira de demie liure de Sucre, à la liure de Cerizes; d'autant que c'est pour manger à l'instant qu'elles sont faites.

Pour les seruir sur l'assiette, l'on dresse toutes les queuës en enhaut, puis l'on verse le Syrop tout chaud par dessus, à l'instant que l'on les veut seruir sur Table.

Ie vous veux enseigner la maniere de faire L'EAV CLAIRETTE, qui est vne composition tres-excellente pour rechauffer l'estomach des Vieillards, qui par manque de chaleur naturelle, ont souuent des cruditez & indigestions; & elle est aussi tres-bonne pour les personnes de toutes aages, qui ont des debilitez de cœur, & des especes de Colliques, causées par les Broüillards, ou froidures; cette eau les confortant extrememenr, & les remettant en parfaite santé; les Femmes en trauail d'enfant en peuuent aussi vser, pour leur augmenter les forces & le courage.

Pour la faire, vous prendrez deux pintes de bonne eau de vie ; vne liure des plus belles, & plus grosses Cerizes, ausquelles vous osterez seulement la queuë ; vne liure de Sucre ; demie once de canelle, & demy once de cloud de Girofle : Vous mettrez le tout dans vne bouteille de verre infuser au Soleil jusques à la fin des jours Caniculaires, remuant par fois cette composition auec vn baston.

Plain vne cueiller d'argent, suffira pour vne prise ; & vne Cerize, que tirerez de la bouteille auec vn fil d'Archail, fait en petit dard, afin qu'il apporte la Cerize qu'aurez picquée.

En temps de Peste, c'est vn tres-bon & agreable preseruatif ; vous en prendrez, & en donnerez à vos domestiques vne prise à chacun à jeun, & ne faudra manger de demie heure apres, afin que les esprits qui sont dans cette composition se respandent par tout le Corps.

Les Groseilles Blanches ne

se confisent guere au liquide, si ce n'est à la grande nouueauté que l'on en fait des Compostes pour seruir chaudes sur la Table; elles se confisent ordinairement au sec nous en parlerons au Chapitre suiuant.

Pour les Compostes, l'on coupe la teste & la queuë des Groseilles, & l'on les fait parboüillir; puis esgouttées l'on les pese, & l'on les confit tout d'vn boüillon; demie liure de Sucre à la liure de Fruict sera plus que suffisante pour les rendre agreables.

Les Groseilles rovges & perlees que nous appellons Gadelles se confisent au liquide & est vn petit Fruict extrememét agreable.

Pour les confir vous les peserez, puis les separerez de leurs queuës les mettant dans vostre Poesle où sera le Sucre en poudre; par apres vous y mettrez du jus d'autres Gadelles qu'aurez pressées doucemét dans l'Estamine; puis les poserez sur le Feu, & les confirez tout d'vn boüillon;

apres

apres quoy vous les tirerez du Feu, les laisserez vn peu refroidir, & les dresserez dans vos Pots & Tasses : Il suffira d'vne liure de Sucre à vne liure de Fruict pour les rendre tres-belles; vous y mettrez moins de Sucre si vous voulez, & seront bonnes à manger: mais non si belles, ny auec tant de Syrop.

La Gelée se fait en pressant des Gadelles, & tirant par force jusques à la derniere goutte du jus, d'autant que le plus espois ne sort que le dernier; puis vous y adjousterez le Sucre; trois quartrons à la liure de jus (qui est vne Pinte) estans suffisans pour faire de belle Gelée; vous la cuirez en consistence, comme j'ay dit cy-deuant aux Cerizes, puis la dresserez dans des Boëstes, la laissant refroidir deux ou trois jours auant que de les couurir.

L'on Framboise aussi des Gadelles, en y mettant du jus de Framboises pour fondre le Sucre, au lieu de celuy de Gadelles, cela leur donne vn parfum tres-agreable au gouſt.

Quelques-vns confiſent des Gadelles ſans Sucre, en tirant & exprimant quantité de jus, le faiſant reduire au tiers ; puis y mettant confir les Gadelles, ils les cuiſent juſques à ce qu'ils croyent qu'elles le ſoient ſuffiſamment pour eſtre gardées ; s'ils y adjouſtoient ſeulement vn quartron de Sucre à la liure de Fruict, elles auroient quelque petit agreement qui les feroit manger : mais ſans Sucre, c'eſt vne eſtrange Confiture.

Les FRAMBOISES ſe veulent confir & garder de la meſme façon que les Cerizes, mettant cinq quartrons de Sucre à la liure de Framboiſes, afin que le Syrop en ſoit plus beau.

Le VERIVS que vous prendrez pour confir, eſt celuy que l'on appelle Bicanne ou Bourdela, & duquel à Paris on fait le Verjus que l'on pile aux Preſſoirs de Sainte Oportune, du Pont Saint Michel, & autres endroits, lequel par sa grosseur & espoisseur de chair, fait la plus belle & agreable Confiture.

Vous le choisirez non trop mollasse ou meur, mais dans sa beauté auant que le goust s'adoucisse ; vous le peserez égrené de sa raffle, & le fendrez par la moitié en long, ostant tous les pepins s'il se peut, en le jettant dans l'eau claire, à mesure que le fendrez ; puis le ferez parboüillir, y mettant vne petite pincée de Sel, ou deux pincées de Salpestre, pour luy conseruer sa couleur verte : Estant amorty seulement, vous le tirerez du Feu, & le couurirez de quelques linges, le laissant vn peu refroidir dans son eau ; par apres vous le tirerez de l'eau, l'égoutterez & le mettrez dans le Sucre en poudre, y ajoustant vn peu d'eau claire, pour fondre le Sucre seulement; puis vous le confirez tout d'vne cuitte; car si vous le tiriez du Feu pour l'y remettre, il perdroit beaucoup de sa couleur ; Estant cuit en bonne confiftence, vous le tirerez du Feu, le verferez dans quelque Terrine, pour ne le laiffer dans la Poëfle chaude, qui deftruiroit beaucoup de fa couleur; & apres vous le drefferez dans vos Pots & Taffes, ainfi que les Cerizes: Il faut liure à liure de Sucre & de Fruict, pour rendre voftre Verjus bien beau.

Il s'en confit auffi fans Sucre, ou auec bien peu: mais c'eft vne Confitture fort defagreable, qui dégoufte pluftoft les pauures Mallades à qui l'on les donne, que de leur refueiller l'appetit.

Si vous voulez, vous ferez de la Gelée de Verjus de la mefme façon que j'ay dit aux Grozeilles, y adjouftant du jus de peaux de Pommes de Renette ou Cappendu, pour luy donner quelque liaifon; ou bien de la Gomme de Pepins de Coins, elle fera fort agreable à manger à caufe de fon acidité.

Les Raisins Musquats feront

fendus comme le Verjus, pour leur oster les Pepins, & en mesme temps jettez dans la Poesle sur le Sucre en poudre; l'on en pressera quelques Grappes pour en tirer du Moust, afin de donner vne suffisante humidité au Sucre pour le fondre; car si vous y en donniez trop peu, le Sucre ne fondroit pas tout, & les plus gros morceaux se maintiendroient en forme de Conserue : C'est pourquoy en ce Fruict-cy & en tous autres, vous y mettrez du descuit, c'est à dire eau ou jus, vne suffisante quantité; ce que l'experience vous apprendra en peu de temps ; Car aussi d'y en mettre par excez, il faudroit que vos Confittures fussent plus long temps sur le Feu pour exaler le trop d'humidité qu'il y auroit, & cela les despeceroit par trop de Cuisson, & gasteroit la Couleur.

Pour les rendre beaux, il faut cinq quartrons de Sucre à la liure de Musquats, afin qu'il y ait quantité de Syrop; qui eſt la grande beauté en ces Confittures là; Vous le Confirez, puis le dreſſerez dans des Taſſes, n'y mettant qu'vn lict de Muſquats; & au bout de deux jours vous verſerez le Syrop deſſus, & les couurirez & gouuernerez comme les Cerizes.

Les autres RAISINS ſeront Confits, ſans autre façon que de les faire vn peu amortir au Soleil ou au Four, & les eſgrener ſans les fendre; mettre liure à liure de Sucre & de Fruict; puis les cuire en bonne conſiſtence, & les dreſſer dans des Pots & Taſſes, les gouuernant comme les Muſquats.

Les CARROTTES & PASTENADES ſe confiſent au Sucre, & ſe ſeruent ordinairement chaudes en Compoſte: Pour les confire; vous choiſirez les plus belles & plus nettes de nœuds, & racines; vous les ratiſſerez les jettant dans l'eau tiede, puis les ferez parbouïllir, juſques à ce qu'elles attendriſſent ou amolliſſent; par apres vous les tirerez du feu, les esgoutterez & secherez dás vn linge; cela fait vous les mettrez dans le Sucre en poudre auec vn peu d'eau, les ferez bouillir tout d'vn bouillon, & les trancherez en long ou en roesles, puis les ayant dressées sur des Assiettes, vous jetterez le Syrop par dessus : Ie trouue vne autre methode de les confir beaucoup plus facile ; qui est de les mettre dans vn pot de Terre comme les Poires de Certeau, les faisant cuire premierement auec l'eau ; puis aux rouges y adjouster le vin rouge, auec le Sucre, la Canelle, & le Cloud de Giroffle ; & aux autres qui sont jaunes & blanches, le vin blanc François, auec le Fenouïl vert ; le Syrop estant de bonne consistence, vous les taillerez, dresserez sur des Assiettes, & jetterez le Syrop chaud par dessus: il n'est de besoin de mettre plus de six onces de Sucre à chaque liure de racines.

Les NEFFLES se cuisent au Vin dans la Poesle à fricasser leur ayant oſté les aiſles & la queuë; puis l'on y met du Sucre; & quand le Syrop eſt preſque faict; on les dreſſe & les poudre-on de Sucre par deſſus.

Le Syrop de Limons ſe fait ou par Infuſion ou par cuiſſon : Par Infuſion, en mettant à vne liure de jus de Citron deux liures de Sucre en poudre, & l'expoſer au grand Soleil : Par cuiſſon, en mettant à vne liure de jus, vne liure & demie de Sucre caſſé ; le faire cuire vn peu moins que juſques à la conſiſtence de Syrop; qui eſt qu'en en mettant ſur vne Aſſiette, il ne coule point ; puis apres le ſerrer dans des bouteilles de Verre ſans Ozier, afin que s'il vouloit chancir, l'on le mit au Soleil, ou dans le Four, apres que l'on auroit retiré la fournée de Pain : Si vous y voulez adjouſter le Muſc & l'Ambre-gris, vous le rendrez ſemblable à l'Aigre de Cetre.

La Limonade ſe Fait auec le dedans des Citrons; oſtant les plus groſſes

grosses peaux qui separent les graines,
& les mettant tremper en eau claire;
puis y adjouster du Sucre en poudre,
la quantité que jugerez estre necessaire ; & mettrez aussi tremper dedans
quelque peu de Coriandre, cassée &
enfermée dans vn petit linge auec
quelque morceau de Canelle : Le
Musc & l'Ambre y pourront estre
adjoustez pour l'assaisonner plus delicieusement.

Vous laisserez infuser le tout enuiron demy jour, les versant souuent
d'vn vaisseau en vn autre & pressant
auec la main les Citrons qui sont dedans : Vous y gousterez pour juger ce
qui y manque pour estre excellente;
& apres l'auoir passée à trauers vn
linge sans presser le Marc ; vous la
mettrez dans des bouteilles pour estre
seruie aux Dames : Cette boisson ne
dure pas plus de trois jours en sa bonté ; c'est-pourquoy l'on ne la fera
qu'au besoin.

Il y en a qui adjoustent les Aman-
Dd

des pilées ; mais comme c'est vne boisson, la plus simple qu'elle peut estre est la meilleure.

Les Mevres se doiuent prendre à demy rouges & à demy noires pour estre en leur bonté ; elles se confisent en mettant trois quartrons de Sucre, à la liure de Fruict, & seront cuittes toutes d'vn bouïllon comme les Cerizes, puis serrées dans les pots ; l'on en fait aussi du Syrop à part pour le mal de gorge, que vous façonnerez comme celuy de Cerizes.

Des Confitures au sec & Pastes de Fruicts.

SECTION VI.

LEs Confittvres seiches, sont estimables en ce qu'elles s'enuoyent de loin, & se presentent aux personnes des plus hautes qualitez, qui les estiment tant pour leur bonté, que pour la commodité qu'ils ont de les porter en la Pochette ; à cauſe de leur friand gouſt, & pour leur faire bonne bouche au ſortir du Repas.

Il faut en vous donnant la methode de les ſecher aller d'ordre comme j'ay fait aux autres Sections ; Ie commenceray donc par les Poires, & vous diray que les ayant confittes (comme j'ay dit cy-deuant) eſtant preſtes à tirer du Feu, ſi vous voulez les mettre au ſec, dans le meſme jour; vous leur donnerez quelques bouïllons d'auantage que pour garder au liquide ; & ce juſques à ce que le Syrop ſe vueille congeler en Conſerue; alors vous tirerez voſtre Poeſle du Feu, & mettrez vos Poires ſur des Ardoiſes ou fueilles de fer blanc pour les porter ſecher dans voſtre Eſtuue.

Cette Eſtuue eſt vn petit Cabinet bien fermé de tous coſtez, reſerué la porte, par laquelle vous paſſerez pour ranger vos Ardoifes, fur les Tablettes defquelles il fera tout entouré; & mettrez à bas vne Poefle, ou Rechault de Feu, pour deffecher le trop d'humidité, qui refte en vos Confitures; vous les retournerez, & changerez de place, autant de fois que vous jugerez qu'elles en auront de befoin.

Si vous ne voulez fecher vos Poires qu'à mefure que vous en aurez affaire, (à caufe qu'elles font de beaucoup plus belles fraifches faites que vieilles fechées :) Vous les garderez au liquide; & quand vous les voudrez fecher, vous ferez fondre quelque peu de Sucre; comme vn quartron ou enuiron à chaque liure de Poires, & les mettrez cuire en confiftence de Conferue, (comme je vous enfeigneray à connoiftre cette Cuiffon en la Section fuiuante :) Puis vous verferez vos Confitures dedans leur baillerez le boüillon, jufques à ce qu'elles foient reuenuës à la Cuiffon de Conferue; puis les tirerez du

Feu, & dresserez sur les Ardoises, pour estre portées à l'Estuue secher comme dessus.

Vous les laisserez reffroidir entierement, auant que de les mettre dans les Boestes pour les serrer, & mettrez à chaque lict de Fruict, vne fueille de papier seché, & les rangerez proprement sans les presser, à cause qu'en les froissant vous rompreriez la Glace qui est sur le Fruict : ce qui le rendroit blanc de Sucre ou farineux, & enlaidiroit son lustre.

L'on à de Coustume de lier les petites Muscadilles par bouquets en sortant de l'Estuue, auant que de les mettre dás les Boestes sept à chacun Bouquet d'où vient le nom que l'on leur donne de sept en Gueulles; ou à cause que le trochet où elles viennét à l'Arbre, en produit ordinairement sept, qui (à cause de leur petitesse) peuuent estre toutes mangées en vne seule bouchée : les autres gros Muscats, Blanquets, petits Rousselet, & autres petites Poires semblables, seront liées par trois ou quatre ensemble selon leur grosseur.

Pour faire la PASTE, vous prendrez des Poires du meilleur goust que vous pourrez ; & celles qui auront la peau de belle couleur. Vous ne les pelerez point ; mais ayant osté la Teste, le Trognon, & la queuë ; les ferez parboüillir, les tirerez du Poeflon, les esgoutterez, & secherez, puis les passerez à trauers l'Estamine, ou au Sas, (comme l'on munde la Casse ;) par apres prendrez les peaux qui n'auront passé, les pilerez dans le Mortier d'Albastre, & les passerez aussi : Cela fait vous peserez vostre Paste sur quelque papier, la mettrez dans le Poeflon auec le Sucre en poudre bien délié, cuirez cette Paste à petit Feu, la remuant continuellement de crainte qu'elle ne s'attache au Poeflon, & ne brusle ; & ce jusques à ce que vous reconnoissiez que la Paste quitte le Poeflon ; alors vous la tirerez du Feu,

& la dresserez en Macarons sur vos Ardoises, la mettant secher dans vostre Estuue: Vous les retournerez & chãgerez de place tant qu'elles soient sechées, puis les tirerez de l'Estuue & les mettrez dans les Boestes comme les Poires: demie liure de Sucre, suffit à chaque liure de Fruit; si vous voulez prendre les belles peaux des Fruits que pelerez, pour apres les auoir vn peu euerduméés les piler & passer, vous augmenterez de beaucoup le goust de vos Pastes, d'autant que le goust le plus releué du Fruit, est toûjours en la peau.

Quant aux POMMES, la Confiture n'en est pas trop exquise, c'est pourquoy l'on en confit fort peu, si vous en voulez confir vous vous gouuernerez comme aux Poires.

L'on fait des Pastes de Pommes, desquelles l'on contrefait les Abricots à Oreille, au temps qu'ils sont rares: Pour ce faire, l'on prend des Pommes de Reinette, ou de Capendu, les plus belles que l'on peut, on les coupe par moitié, & on leur oste la teste, & le trognon, puis on les met par-bouillir, & on les passe comme les Poires: pour y donner le goust, on prend des Abricots secs, les vieils d'vn an, & passez, y seront fort propres, & particulierement ceux qui auront esté confits auec la peau, ou bien si vous auez côfit des peaux d'Abricots dans la saison pour ce sujet, ayant osté le rouge qui y est, & ne laissant que le jaune: (C'est au temps que les Pômes ont vn peu passé leur plus grande verdeur, qui sera enuiron vn mois apres qu'elles auront esté mises dans le Fruitier, que vous en tirerez hors des plus belles, & des plus saines, pour preparer comme je viens de dire) & piler vos peaux d'Abricots, les passer au Sas, & les mettre auec les Pommes, puis vous pezerez le tout, & mettrez la moitié autant de Sucre en poudre que vous aurez de Marmelade, par apres vous ferez cuire cette Paste, comme j'ay dit celle de Poires ; estant cuitte, vous la tirerez du Feu, la laissant vn peu refroidir, & auec des petits moufles faits en forme d'vn Abricot ouuert, vous mouflerez cette Paste, & la ferez secher dans l'Estuue sur les Ardoises, la retournant à propos, & quand elle commencera à se secher, vous luy donnerez le ply pareil à celuy des vrays Abricots à Oreille, les acheuant de secher, puis vous les serrerez dans les Boestes, mettant aussi du papier entre les lits comme aux autres Fruits secs.

Les Prvnes seches se confisent comme au liquide, pelées & sans peler puis on les seche, & serre dans les Boestes, tout de la mesme façon que j'ay dit des Poires.

Les Prunes seches, s'enueloppent par fois dans des petits papiers chacune à part, pour plus grande commodité, & propreté, à les porter dans la Pochette.

Les Pastes de Prunes se font de la

mesme maniere que les autres precedentes ; on oftera la peau à celles qui font collorées, afin qu'elle ne donne aucune teinture à la Paste, mais qu'elle foit d'vne belle couleur verte.

Il fe fait vne Paste en Bourgogne de Prunes de Moyeu, laquelle fe fait tout de la mefme façon que les autres; referué que l'on ne la cuit pas jufques à ce qu'elle quitte le Poeflon: mais vn peu moins cuitte, l'on la verfe dans des Boeftes, que l'on laiffe quelque temps refroidir, fans les couurir ; cōme quatre ou cinq jours ; au bout defquels, l'on ferme les Boeftes ; & on les ferre auec les Cottignacs, pour y regarder de temps à autre, comme elles fe conferuent.

Les AMANDES, & ABRIGOTS VERTS, ayans efté preparez comme pour le liquide, & eftans Cuits feront tirez de leur Syrop, & fechez ainfi que les autres Fruicts que j'ay dit cy-deuant.

Les ABRICOTS MEVRS fe mettent

ordinairement à Oreilles ; pour les y
preparer, il faut les ouurir par moittiées, & les applattir pour fecher ;
puis eſtans vn peu fecs les refermer,
& leur faire faire à chaque moitié vn
quart de tour, en les tirant en long ;
ils fe rencontreront de la mefme figure que l'on a de couſtume de les
façonner.

Pour la Paſte d'Abricot, elle fera
faite comme les precedentes, en faifant vn peu parboüillir le Fruict, &
oſtant la peau aux endroits où elle eſt
Rouge ; puis les piler & paſſer, les
faire cuire, mettant demie-liure de
Sucre à la liure de Fruict, les cuire en
confiſtence, qui eſt juſques à ce que la
Paſte quitte le Poeſlon ; par apres les
dreſſer par Maccarons fur les Ardoifes, les fecher & ferrer comme les
autres.

Le Ramage de Gennes fe fait auec
cette Paſte d'Abricot ; laquelle eſtant
cuitte en confiſtence, vous la laiſſerez refroidir, puis ayant poudré vos

Moufles auec du Sucre delié, passé au Tamis de Soye, lequel vous mettrez dans vn linge assez fin, & le secoüerez sur le Moufle ; cette poudre ira par tout, & empeschera que la Paste ne s'attache au Moufle; ce qu'ayant fait vous emplirez vostre Moufle, & auec vn roulleau de Paticier appuyerez par tout en roulant sur le Moufle, & ostant le superflus, il restera la figure du Moufle ; cette Paste estant froide, vous la renuerserez sur l'Ardoise, pour la mettre secher aux Estuues, en cas qu'elle soit trop mollasse ; ou si elle a de la liaison suffisante, vous la mettrez tout d'vn coup dans la Boeste, pour la serrer auec les autres.

Si vous ne voulez faire que des compartimens, ou Chiffres, vous mettrez vostre Paste toute froide sur vne Table, qu'aurez poudré de Sucre auparauant, & l'estendrez auec le Rousleau, de l'espoisseur que voulez qu'elle soit ; puis auec des Modelles de Fer blanc, la coupperez en les appuyant dessus, ou bien vous la taillerez auec le Cousteau en la figure que desirerez; cela fait, vous la mettrez aux Estuues si elle en a de besoin, & estant froide la serrerez dans les Boestes comme les autres.

Les Pesches de toutes sortes seront mises au Sec & en Paste, de la mesme maniere que je vous ay enseigné d'accommoder les Abricots.

Pour ce qui est des Coings, il ne s'en seche que par fantaisie; d'autant que c'est vn Fruict qui est assez dur de luy mesme; toutesfois si vous voulez en secher, vous vous y gouuernerez côme aux autres, le faisant pourtant parboüillir beaucoup, & prest à se despecer, auant que de le confir, afin qu'il en soit plus delicat.

La Paste se pourra aussi faire comme les precedentes, il n'est de besoin d'y mettre les Peaux, d'autant que d'eux-mesmes ils ont & assez de goust, & assez de liaison.

Les Noix se preparent pour estre mises au sec, en les choisissant comme pour le liquide ; mais il leur faut oster tout le Vert jusques au Blanc, les jetter en l'Eau claire à mesure que l'on les pele, puis les desamertumer en les faisant parboüillir en diuerses eaux comme j'ay dit aux liquides ; & les confir, secher & serrer, ainsi que les autres Fruicts precedens.

Il ne se fait point de Paste de Noix : c'est pourquoy je n'en diray rien.

Quand aux Cerises, & Agriottes, on les confit pour mettre au sec comme les autres precedens Fruicts ; & se lient par Bouquets ainsi que les Muscadilles ; & on les met à Oreilles comme les Abricots, en les joignant deux ensemble, qui se souderont en sechant à l'Estuue.

Pour la Paste, elle se fait de deux façons : L'vne en pressant des Cerises bien meures dans l'Estamine, & broyant les Peaux dans le Mortier ; puis les passer au Tamis ; mettre le tout fur le Feu, & le faire reduire à la moitié; adjouftât demie liure de Sucre en poudre, à chaque liure de Suc & cuifant le tout en confiftéce de Pafte: L'autre que je trouue beaucoup meilleure, eft d'efpreindre vn peu les Cerifes, les froiffant auec les mains, & ce qui reftera dans l'Eftamine, le paffer au Sas, piler les Peaux qui pourront refter, & les paffer auffi; puis y adjoufter le Sucre en poudre, à chaque liure de Fruict, demie-liure de Sucre, mettre cuire le tout en confiftence, puis la dreffer en Maccarons fur les Ardoifes, pour eftre fechée aux Eftuues, & la ferrer.

 Le Ius prouenant de l'expreffion qu'aurez faite de vos Cerizes, fera confit en Syrop pour garder, & auffi l'on en pourra mettre dans le Sucre pour le fondre, quand vous ferez les Confitures liquides.

 Les GROSEILLES fe mettent au Sec comme les Fruicts precedens, ayant obferué parauant ce que j'en ay dit pour les confir au liquide.

Pour les Gadelles, il ne s'en confit point au Sec, à cause de leur petitesse; mais bien l'on en fait des Pastes excellentes, les froissant dans l'Estamine, & passant au Sas bien delié pour en oster les petits Pepins & la Teste; vous la ferez tout de la mesme maniere que celle de Cerizes.

Les Framboises Rouges & Blanches ne se mettent point au Sec, non plus que les Gadelles, mais les Pastes sont beaucoup à estimer pour leur agreable goust; elles se font comme celles de Cerizes, y meslant quelque peu de Gadelles pour en releuer le goust par leur petite acidité.

Les Verius & Musquats, ne se confisent point aussi au Sec; les Pastes que l'on en fait sont tres-bonnes, & se veulent aussi façonner comme les Cerizes, ayant auparauant preparé le Fruict comme j'ay dit cy-deuant, quand j'ay enseigné la maniere de les confir au Liquide.

Les

Les Orenges se confisent entieres ou par quartiers ; pour les preparer, il faut rasper tout le Iaulne, auec vne Raspe de Cuiure ; puis si vous les voulez confir entieres, il faudra faire vn trou à l'endroit de la queuë, & tirer auec patience tout le dedans, laissant la Peau la plus deliée que l'on pourra ; on les mettra tremper à mesure dans l'eau tiede, par apres on les fera parboüillir en grãde eau pour en oster toute l'amertume, la changeant plusieurs fois, tant qu'elle n'ait plus aucun goust d'amer ; cela fait, vous les tirerez du Feu, les jettant dans d'autre eau tiede, puis ferez fondre vostre Sucre à petit Feu ; cependant qu'il fondra vous mettrez esgoutter vos Orenges, les posant sur vn linge en plusieurs doubles, le trou dessous, & apres vous les mettrez dans vostre Sucre, que ferez cuire jusques à la consistence de Conserue; pendant qu'ils cuirõt vous les remuërez & retournerez souuent auec la

E e

Gafche, puis les retirerez auec l'Efcumoire, & efgoufterez bien le Sucre qui fera dedans; apres quoy vous les mettrez fecher dans vos Eftuues, ce qui fe fera en demie-heure de temps; au defaut d'Eftuues vous les mettrez deuant le Feu, fur de petits brins de Balay, où ils fe fecheront fort bien.

Pour celles que vous voudrez mettre par quartiers; ayant rafpé tout le Iaune, vous coupperez la Peau en tant de parties que vous voudrez, & en la tirant proprement, vous la feparerez du dedans fans rien rompre; & fi vous voulez, vous la ferez beaucoup plus deliée ou tenue que celles que l'on confit entieres.

L'on couppe auffi de cette Peau par petites parties, que l'on nomme des Zeftes, tout de la mefme forme que l'on en prend fur les Orenges, pour en les preffant jetter contre vn Verre (où il y a du Vin) vn efprit fubtil qui eft dedans, lequel donne gouft au Vin à trauers le Verre; ces mefmes Zeftes estant pressez contre la flamme d'vne Chandelle, cét Esprit prend Feu en petillant.

L'on couppe encor les Peaux d'Orenges & Citrons, en forme de gros Lardons, lesquels on confit comme j'ay dit cy-deuant, puis estans cuits, l'on jette dans leur Syrop d'autres Lardons d'escorce de Citron confite bien Verte; & le Sucre estant cuit jusques en Conserue, il faut prendre ces Lardós auec l'Escumoire, & les ayant bien esgouttez, vous les dresserez en forme de Rocher, entremeslant les couleurs; ce qu'estant fait, les porterez secher dans l'Estuue, ou les mettrez simplement deuant le Feu.

Vous obseruerez que les Orenges & Citrons, tels que nous les auons à Paris, ne se veulent confir qu'à mesure que l'on en a de besoin; d'autant qu'ils blanchissent & se farinent; ce qui est fort desagreable à voir.

Pour la doze du Sucre; je ne vous en donneray point, d'autant que le

LE IARDINIER

plus que vous y mettrez ne fera pas perdu, feruant à faire vos Conferues & Maffepans, comme je vous diray en la Section fuiuante; & auffi qu'il eft neceffaire que ce Fruict foit en plain Sucre, pour fe bien confir.

Vous ne jetterez la rappeure de vos Peaux d'Orenges; car elle feruira à faire de tres-belles & bonnes Conferues.

Les CITRONS fe confiront tout de la mefme maniere que les Orenges, fans nulle referue : L'on taille des Tranches fort deliées fur les Poncilles, large de deux ou trois doigts, lefquelles on Confit & Seche, comme celles des Orenges.

De la LAICTVE ROYALLE fe tire vn Cardon quand elles montent à graine, duquel l'on fait la Confitture que les Italiens appellent GORGE D'ANGE.

Pour les confir vous les defpouillerez de leur petite Peau ou Efcorce, les jettant dans l'eau fraifche, &

les ferez vn peu euerdumer ; puis les mettrez dans le Sucre en poudre auec quelque peu d'eau claire pour fondre le Sucre ; apres quoy les ferez cuire tout d'vn boüillon jufques à ce que le Sucre foit en Conferue ; alors vous les tirerez auec l'Efcumoire, les mettrez fecher fur les Ardoifes dans voftre Eftuue, les retournant de tous coftez, & eftans fecs les ferrerez dans les Boettes comme les autres Fruicts fecs : Si vous voulez à la fin de la Cuiffon y adjoufter vn peu d'Eau de Fleur d'Orenge, pour luy bailler quelque odeur, à caufe qu'ils font infipides, cela les ameliorera de beaucoup.

L'on pourra auffi confir beaucoup d'autres fortes de Fruicts, comme Melons, Concombres, mefmes des Citroüilles, fi par curiofité, ou par exceffiue defpence on vouloit faire voir des Fruicts confits de toutes fortes.

Des Conserues & Massepans.

SECTION VII.

DANS cette derniere Section, qui fera la conclusion de nostre Liure, je vous veux enseigner la plus diuertissante & la plus agreable Methode de confir les Fleurs & les Fruicts de vostre Iardin, & en la pratique de laquelle je m'asseure que vous y prendrez plus de plaisir que vous n'en pouuez souhaiter ; car les objects y sont si agreables que la veuë se trouue extremement recreée, en la diuersité des couleurs que l'on y employe, & aussi que l'Esprit se plaist à inuenter mille gentillesses, deriuées de tout ce que je vais escrire, & les ranger auec justesse pour satisfaire ceux deuant qui ils sont presentez.

Nous commencerons par les Fleurs, & dirons que l'on en fait des Conserues de toutes si l'on veut ; mais je ne m'arresteray qu'à celles qui sont les plus hautes en couleur, & les plus agreables à manger, laissant les autres que les Medecins ordonnent pour la santé.

La VIOLETTE comme celle qui vient la premiere au Printemps, sera mise en teste de ce Chapitre ; je ne m'assujettiray pas pourtant à mettre les autres Fleurs selon le rang que les Saisons nous les donnent, mais comme elles me viendront en la pensée.

Pour en faire de la Conserue vous esplucherez les Fleurs ne prenant simplement que ce qui est Violet aux fueilles, & les broyerez bien dans vn Mortier de Marbre, ou Pierre tant que la Paste en soit si deliée, que l'on n'y puisse plus remarquer aucune forme de fueille.

Pendant que l'on broyera ces Fleurs, vous mettrez du Sucre dans le Poeslon pour en faire vne cuite ou venuë : la plus grande sera de quatre liures au plus, & la moindre d'vne liure, quoy que l'on en puisse encor mettre moins, mais il y auroit trop de perte, à cause du Sucre qui s'attache au Poeflon ; à quatre liures de Sucre, vous mettrez enuiron vne chopine, ou trois demy-septiers d'eau, pour le faire fondre l'arrousant par tout; vous mettrez voftre Poeflon fur le Feu de charbon à demy embrafé, afin que le Sucre fe fonde à loifir ; puis quand il bouïllira vous l'efcumerez auec la Gafche, & le remuerez & meflerez fouuent afin qu'il fe cuife efgalement: vous donnerez le Feu à voftre Poeflon vn peu plus par le deuant que par derriere, afin que l'efcume pouffée par le bouïllon vers la queuë du Poeflon, fe puiffe plus facilement enleuer ; & apres qu'il fera bien efcumé, vous mettrez le Feu fous le milieu de voftre Poeflon.

Pour connoiftre quand voftre Sucre fera cuit en confiftence de Conferue, vous le pourrez par trois façons:

çons : La premiere quand en tournant & meflant voftre Sucre de tous coftez, vous retirez voftre Gafche fans l'efgoutter que bien peu & la fecoüant (comme fi vous vouliez pouffer vne Balle d'arriere-main auec la Raquette) vous verrez qu'il fe fera vne filaffe volante : La feconde connoiffance eft quant ayant retourné voftre Sucre, & efgoutté voftre Gafche, dans les dernieres goutes qui tombent, il refte à la Gafche comme vn petit filet qui remonte fe retortillant en forme de queuë de Cochon : Et la troifiéme eft, quant apres auoir boüilly long-temps vous voyez qu'il s'efpoifit, & au lieu qu'il faifoit fon boüillon dans le milieu, il le fait de tous coftez mais plus lentement, par là vous jugerez qu'il eft cuit.

Vous le tirerez de deffus le Feu, & luy laifferez paffer fa plus grande chaleur ; apres quoy vous prendrez voftre Pafte de Violettes, la mettrez dans le Sucre en Motte, à vn

F f

des coſtez de voſtre Poeſlon, & la deſtremperez petit à petit auec la Gaſche, puis vous la meſlerez par tout le Poeſlon la tournant & renuerſant auec le plus de promptitude que l'on pourra; & ce juſques à ce que la chaleur en ſoit appaiſée, ce que vous reconnoiſtrez quand le bouillon ceſſera, & que voſtre Sucre ſera en repos ayant diſſipé l'humidité qui eſtoit dans les Violettes.

Pour la doze, à quatre liures de Sucre il faudra enuiron gros comme le poing d'vn Enfant de dix ans, ou trois Balles de Tripot, de Fleurs de Violettes pilées.

Ayant paſſé dans le Poeslon ſa plus grande chaleur, vous la dreſſerez ou en la verſant dans des Tourtieres de Papier bien ſechées pour eſtre coupée en Biſcuits: ou en Platteaux que puiſerez dans le Poeslon auec la Cueilliere d'argent, eſcremant & prenant toûjours le deſſus qui ſera comme vne petite glace, & verſant la cueillerée sur du papier bien sec, cela fera vn petit rond grand comme vne piece d'vn escu : Ou bien en en prenant sur la Gasche, & auec le Cousteau la couper par Maccarons; mais il faut qu'à cette derniere façon vostre Sucre soit presque froid, autrement il couleroit de dessus la Gasche; quand vous voudrez en faire des Maccarons de toute la Poeslonnée, il ne faudra prendre que par vn costé de vostre Poeslon, & non pas de tous costez; à cause que vostre Conserue se reffroidiroit trop, & qu'il en demeureroit beaucoup au Poeslon.

Pour retirer du Poeslon toute vostre Conserue jusques à la derniere Miette, il y faudra mettre trois ou quatre gouttes d'eau & en arrouser les bords de vostre Conserue; puis le presenter au Feu par tous les costez, & à mesure qu'il chauffera destacher vostre Conserue du Poeslon, l'amasser en Monceau auec la Gasche, & la tailler en Maccarons comme la premiere tirée : Cette derniere Conserue ne sera pas si haute en sa couleur Verdasse que la premiere, à cause de la crasse du Sucre qui s'attache au Poeslon, & aussi que toute couleur remise au Feu diminuë beaucoup de sa beauté.

Vous n'oublierez pas à tailler vos Biscuits dans vos Tourtieres auant qu'ils soient froids, car ils se romproient.

Vous leuerez vos Conserues de dessus les papiers quand elles auront encor vn peu de chaleur, si vous n'en voulez briser beaucoup ; & si elles sont trop froides & que vous ayez peine à les leuer, vous chaufferez vn Aix, & poserez les papiers dessus, cela fera resuër vos Conserues, & elles se leueront facilement.

Vous observerez trois choses tresnessaires en toutes les Conserues; La premiere que vous soyez en lieu chaud, & bien fermé, à cause que le froid vous empesche d'auoir le temps

de verser & façonner vos Conserues:
La seconde que vos Tables soient
propres & n'ayent aucune graisse,
car la Conserue dans sa chaleur estant
versée, attireroit cette graisse à trauers le papier, ce qui l'empescheroit
de se prendre: Et la troisiéme que les
papiers sur lesquels vous la versez &
dressez, soient bien blancs, bien nets,
& bien sechez.

Imprimez vous bien dans l'esprit
tout ce que je vous viens de dire, car
cela vous seruira en toutes les autres
que je vous diray cy-apres.

Les Fleurs de Bourrache, Buglosse,
Soulcy, Iasmin, & les fueilles de Fe-
noüil-vert se confisent de la mesme
methode que les Violettes.

Le Syrop Violat estant plustost
vne boisson qu'vn medicament, j'ay
creu necessaire de vous en donner la
composition, quoy qu'il semble que
je le deurois plustost auoir mis au
rang des Confitures liquides qu'en
cet endroit-cy ; neantmoins parce

qu'il ne fe confit point de Violettes au liquide, & que cét article vous euft efté difficile à trouuer dans voftre Liure, je l'ay placé en ce lieu pour voftre plus grande commodité.

Il y a deux manieres de le façonner: L'vne en broyant dans le Mortier de Pierre vne liure ou enuiron de Fleurs de Violettes preparées comme pour la Conferue, & les mettre dans vn linge affez fort pour refifter à la Preffe, afin d'exprimer tout le jus des Violettes, de laquelle liure vous en tirerez plus d'vn quartron, fi les Violettes font fraifches cueillies; pendant que l'on les pilera & preffera, vous ferez cuire vne liure de beau Sucre, jufques à la confiftence de Conferue, (ce qui fe reconnoiftra par les trois Indices que je vous viens d'enfeigner;) eftant cuit vous le tirerez du Feu luy laifferez paffer fon boüillon & apres verferez petit à petit ce jus de Violettes dedans remuant auec la Gafche par tout le

Poesion, puis estant vn peu froid, le mettrez dans des Bouteilles de Verre, que boucherez bien auec des Tampons de Liege, & de la Cire molle par dessus; celle dont je vous ay donné la composition à la fin du premier Traicté y sera fort propre : L'autre maniere est de broyer des Fleurs, les mettre dans vne Estamine, & verser par dessus du Sucre cuit vn peu moins qu'en Conserue, & ce à plusieurs reprises; pendant qu'vn versera, vn autre froissera les Violettes auec vne Cueillere de bois pour en exprimer le jus, que receurez dans quelque Terrine vernissée; & apres que tout sera passé mettre l'Estamine en la Presse pour ne rien perdre : Vous laisserez bien reffroidir le tout, puis le serrerez dans des Bouteilles comme le precedent.

On mettra secher à l'Estuue le Marc de ces Violettes pour ne rien perdre, & sera assez agreable à manger.

Il se fait de parfaitement beau Syrop Violat par infusions, comme aussi de Roses Pasles, de Fleurs de Pescher, & beaucoup d'autres encor; Mais comme cela est du faict de la Medecine, je ne m'entremettray point d'en dire aucune chose, quoy qu'ils soient tres-faciles à faire.

La ROZE DE PROVINS se confit en Conserue seiche & liquide : la liquide se fait en prenant des Rozes quand elles commencent à s'espanouir, & leur oster tout le vert & le jaune mesme qui est à chaque Fueille; le bien broyer dans le Mortier de Pierre, y adjoustant la moitié autant de Sucre commun en poudre, comme il y aura de pesanteur de Fleurs toutes espluchées, & le mettant dans le Mortier petit à petit à mesure que l'on broyera; ce qu'estant fait vous la mettrez dans des pots de Grets que vous n'emplirez pas tous pleins à cause qu'elle se fermentera (c'est à dire qu'il se fera comme vn leuain qui fera bouffir voſtre Conſerue:) Quand vous aurez mis vos pots au Soleil, & qu'ils y auront eſté par l'eſpace de quinze jours durant; Vous les retirerez à l'ombre quatre ou cinq jours, les remplirez de l'vn d'eux, & les couurirez bien auec du papier par deſſus, & vn parchemin en double que moüillerez pour le faire mieux joindre au pot, lequel vous lierez d'vne ficelle.

Pour la Conſerue de Rozes ſeches de la maniere que l'on la fait à Prouins, il faut prendre des Rozes toutes eſpanoüies, leur oſter tout le Vert, & le jaune entierement, comme pour les Conſerues liquides; les mettre ſecher dans des ſachets de papier, & eſtant parfaitement ſechez les battre au Mortier de Fonte, en l'enueloppant & le Pilon auſſi, auec vn ſac de Cuir, ainſi que les Parfumeurs battent leurs poudres; eſtant battuë la paſſer au Tamis de ſoye delié, puis la bien enfermer dans des papiers & boeſtes, crainte de l'eſuent pour s'en ſeruir au beſoin.

Quand vous voudrez faire cette Conserue vous prendrez quatre onces de voſtre poudre & la mettrez dans vn plat de Fayance, vous eſpraindrez des Citrons dans vn Verre pour en tirer le Ius, que laiſſerez repoſer pour eſtre plus clair & plus beau, d'autant que la Fece ou le plus eſpois ou limonneux du Citron deſcendra au fond du verre; eſtant clarifié, vous en mettrez parmy voſtre poudre pour luy faire venir ſa belle couleur en la deſtrempât auec la Gaſche, & retournāt bien de tous coſtez; pendant ce temps là, vous ferez cuire deux liures de beau Sucre juſques à la conſiſtence de Conserue forte, puis la tirez du Feu, luy laiſſerez abbatre ſon bouïllon, & mettrez cette Poudre à vn des coſtez de voſtre Poeſlon, la deſtrempant petit à petit, & la meſlant bien auec le Sucre, voſtre Conserue ſera faite.

Pour la dreſſer par Maccarons comme font ceux de Prouins; vous en prendrez ſur la Gaſche, & auec le

Coufteau la taillerez & drefferez fur des papiers fechez ; fi elle fe reffroidit par trop, & qu'elle ne vous donne le loifir de la dreffer ; vous mettrez voftre Poeflon fur vn petit Feu bien lent, pourueu qu'il l'efchauffe vn peu, & la rende maniable il fuffira ; vous retirerez jufques à la derniere miette de Conferue en prattiquant ce que je vous ay dit, à l'Article des Violettes, & auffi pour la retirer de deffus les papiers & la ferrer dans les Boeftes.

Quelques-vns y adjouftent vn peu d'efprit de Vitriol blanc, pour releuer dauantage la couleur de la Rofe; mais cela n'eft pas fi fain, ny fi naturel, que quand l'on y employe le jus de Citron pur.

Vous obferuerez de ne pas rendre voftre Pafte de Rofe trop liquide auất que de la mettre dás voftre Sucre, car il y auroit par trop de defcuit ; à caufe du jus de Citron qui defcuit extrememết, & engraiffe le Sucre plus que toute autre chofe ; il suffira qu'elle foit abbreuuée par tout, & que vous la puissiez mettre en Plotte sans qu'elle coule.

Tant plus vostre Conserue est fraische faite, tant plus belle elle est; c'est pourquoy les Apothicaires de Prouins en ont toûjours de tres-belles, parce qu'ils en ont grand debit: Quoy que je ne vous aye dit que la composition pour deux liures, ce n'est pas que ceux de Prouins n'en facent des Poeslées entieres de dix ou douze liures de Sucre; mais comme vous n'en auez pas tant de besoin à la fois, n'en voulant pas faire traffic, il suffira du peu puis que vous aurez toûjours de la poudre de Rose en vostre logis, pour en faire en toute saison.

L'on en fait aussi de RozeBlanches, mais elles passent si tost leur beauté, & ont si peu de goust de Rozes & d'odeur, que je ne l'estime pas beaucoup.

La Conserue de Rozes qui se sert ordinairement dans les Bals & Feſtins, ne ſe fait pas ſi forte de poudre de Rozes que celle de Prouins; car demie-once de poudre, ſera plus que ſuffiſante à deux liures de Sucre, y mettant autant de jus de Citron, qu'elle en pourra porter pour la rendre liquide, de telle façon pourtant qu'en penchant la Vaiſſelle où vous l'aurez deſtrépée, elle ne coule point; puis quand voſtre Sucre ſera cuit en Conſerue, vous le tirerez de deſſus le Feu, luy laiſſerez paſſer ſon boüillon, & mettrez voſtre Paſte, la meſlant continuellement auec la Gaſche, juſques à ce que le Sucre ſoit appaiſé du boüillon que le deſcuit luy aura fait eſleuer : Ce qu'eſtant fait, vous verſerez voſtre Conſerue dans les Tourtieres de papier pour en faire des Biſcuits; leſquels ſe façonneront tous couuerts de petites bouteilles, auec vn glaſſis bien reluiſant ; & ſi vous en dreſſez en platteaux ils ſe feront auſſi par deſſus de la meſme façon ; le reſte qui demeurera dans le

Poeflon vous l'amafferez & le leuerez auec la Gafche pour le coupper en Maccarons.

N'oubliez pas à coupper vos Bifcuits, ny à leuer vos Conferues pendant qu'il y a encor quelque chaleur pour les raifons que je vous ay dittes cy-deuant; & foit repeté pour la derniere fois; car je n'en parleray plus.

Vous fçaurez que fi vous deftrempiez voftre poudre de Roze dans quelque vaiffelle d'Argent ou d'Eftain, que cela luy donneroit vne teinte plus Violette; parquoy fi d'vne mefme poudre vous en voulez faire de deux couleurs, il n'y aura qu'à en mettre dans de la Fayance & dans de l'Eftain.

Ie vous diray encor que la grande beauté de toutes les Conferues ne dure que quatre ou cinq jours au plus en leur bel efclat; C'eft-pourquoy l'on n'en fera qu'au befoin.

La Conferue de FLEVRS D'ORENGES fe fait en hachant fes feuilles bien deliées, & les jettant próptement dans le jus de Citron, de crainte qu'elles ne noirciſſent ; dans deux liures de Sucre vous y pourrez mettre gros comme vn Eſteuf de Fleurs, ayant eſgoutté le jus afin d'y auoir moins de deſcuit; & vous en ferez la Conſerue comme je viens d'enſeigner à celle de Roze, pour ſeruir en Compagnie.

L'on fait vne Conſerue rauiſſante de FRAMBOISES Blanches & Rouges en les preſſant legerement, & en tirant le jus que mettrez dans quelque Verre pour le laiſſer raſſeoir, & que ſa Lye aille au fonds ; puis voſtre Sucre eſtant cuit en Conſerue & tiré hors du Feu; vous verſerez ce jus dedans, y en mettant ce que vous jugerez que le Sucre pourra porter de deſcuit, puis vous la dreſſerez dans les Tourtieres, la taillerez & ſerrerez à l'ordinaire.

Du jus de GADELLES, de GRENADE, & de celuy D'ESPINE VINETTE ſe fait de tres-belle & tres-agreable Conserue, en s'y gouuernant comme aux Framboises.

Pour faire la Conserue D'ORENGES vous prendrez de la raspure du dessus des Orenges, celle que vous auez tirée des confites au Sec pourra seruir; & à mesure que vous la rasperez elle tombera dans l'eau tiede ou fraische, de crainte qu'elle ne noircisse; vous la mettrez infuser sur le Feu en grande Eau pour la des-amertumer, & reïtererez plusieurs fois jusques à ce qu'elle ait perdu entierement son amertume; ce qu'estant fait vous la mettrez dans vn linge, & en ferez sortir toute l'eau en tordant le linge; par apres vous la mettrez dans vn plat d'Argent, & la secherez en la maniant continuellement; car elle s'attacheroit au plat, & ce jusques à ce qu'elle soit presque toute seche; & cependant vous cuirez du Sucre jusques à sa consistence de Conserue, puis jetterez dedans vostre poudre, & remuerez bien de tous costez, afin
qu'elle

FRANÇOIS. 353

qu'elle prenne corps auec voftre Sucre ; fi vous y voulez mettre vn peu de jus de Citron ou d'Orenge, apres que voftre poudre aura efté bien meflée, cela luy donnera bon gouft : Vous pourrez mettre à deux liures de Sucre gros comme vne petite Balle de poudre d'Orenge, & du jus à difcretion, fe prenant garde de ne pas trop defcuire voftre Sucre : vous la verferez, drefferez & taillerez, comme celle de Fleur d'Orenge.

Celle de CITRON fe fera tout de mefme que celle d'Orenge, rafpant non feulement la peau jaune, mais encor la chair jufques au jus ; & l'ayant bien lauée & dé-limonnée en plufieurs Eaux chaudes & fechée, comme j'ay dit celle d'Orenge, vous la mettrez dans le Sucre, & y adjoufterez le jus de Citron pour la rendre plus haute en faueur.

Pour faire le Bifcuit de Citron efpois de trois doigts & plus ; vous cuirez voftre Sucre en confiftéce de Con-

Gg

serue vn peu forte, puis y jetterez la poudre de Citron preparée comme j'ay dit, & meſlerez vn peu de jus de Citron & du blanc d'Oeuf foetté auec des Verges pour le faire leuer; ce qu'ayant fait vous verſerez voſtre Sucre ſur du papier, tenant le Poeſlon deſſus, afin que ſa chaleur face leuer dauantage voſtre Conſerue; puis eſtant encores chaude, vous la coupperez par gros Biſcuits, qui feront tous pleins d'yeux par dedans & fort legers.

On fait auſſi de la Conſerue de jus de Citron ſans y mettre de la Chair raſpée, mais elle n'a que l'acidité, & n'eſt pas ſi agreable que celle où vous en aurez mis.

Les PISTACHES feront pelées à l'Eau chaude, puis pilées dans le Mortier de Pierre, les arrouſant auec l'Eau de Fleur d'Orenge, de crainte qu'elles ne rendent l'huile; apres quoy vous les mettrez dans voſtre Sucre cuit en Conſerue, & deſtréperez cette Paſte

FRANÇOIS. 355
à vn costé de vostre Poeslon, mesterez bien le tout, & y adjousterez quelque peu de Musc & d'Ambre-gris, broyez auec du Sucre bien delié & passé au Tamis, puis la dresserez comme les autres.

Il se fait de la Conserue de toutes sortes de Fruicts déja confits au Sec, comme Abricots, Pesches, Cerizes, Orenges, Citrons, Escorce de Citron Verte & autres, en les taillant en lardons ou petites billes semblables à des dez à joüer, & les jettant dans le Sucre alors qu'il est cuit jusques à Conserue vn peu lasche, puis meslant le tout pour en rendre la diuersité plus agreable ; la dresser & tailler ainsi que j'ay dit aux autres.

Vous pouuez en Conserue contrefaire plusieurs choses qui surprennent à l'abord, comme par exemple des tranches de Iambon ; cela est vn peu embarassant à vne personne qui n'a pas accoustumé de trauailler en Conserues, à cause qu'il faut bien prendre

Gg ij

son temps pour entendre à tout, mais pourtant tres-facile à qui y a vn peu de prattique.

Pour y paruenir, vous aurez des plats d'Argent tous prests, & quand vostre Sucre sera cuit en Conserue vn peu foible, ou lasche, vous en verserez vne partie dans vn de vos plats, & le poudrerez de chair de Citron, ou de jus de Framboises blanches, ou de Fleurs d'Orenges, bref de tout ce qui sera blanc pour representer la graisse & le Lard, & ferez bien tourner cette Conserue par quelqu'vn pour incorporer le Sucre auec le descuit; puis vous verserez vne autre partie de vostre Sucre dans vn autre de vos plats, & y mettrez de la poudre de Rose, Framboise, Groseille Rouge, ou autre qui pourra representer la chair du Iambon, ne meslant pas vostre descuit par tout le plat, afin que restant quelques endroits blancs quand vous tirerez vostre Conserue du plat, cela imite mieux les graisses

FRANÇOIS. 357

qui entrelardent le Iambon ; & pour dernier vous metrrez auecle refte du Sucre qui fera dans voftre Poeflon, de la fueille de Fenoüil vert, que ferez piler dans le Mortier de Pierre, fi c'eft en la faifon ; ou en autre temps des Piftaches, pour reprefenter le Perfil haché, & Herbes fines, que l'on met fur le Lard du Iambon ; Vous prendrez ces Conferues qui feront encores chaudes & poferez la Rouge, & vn peu de la blanche fur vne Table ; les meflerez enfemble pour imiter les Mufcles & Graiffes, qui entre-lardent le Iambon ; puis apres mettrez de la blanche par deffus pour contrefaire le Lard, & du Vert pour le dernier qui reprefentera le Perfil ; vous appuyerez & battrez de la main à chaque lict que mettrez pour les incorporer & joindre enfemble ; Vos Conferues eftant encores chaudes vous les couperez en forme de tranches de Iambon, & les drefferez fur des affiettes, mettant vne ou deux fueilles de Laurier par deſſus pour aider à la tromperie.

Si vous en vouliez faire vne quantité, vous pourriez vous ſeruir de trois Poeſlons, au lieu d'Eſcuelles d'Argent.

Pour contrefaire des Ceruelats, prenez le reſte du Rouge qui ſera dans vos Eſcuelles, & y mettez deux ou trois gouttes d'Eau claire, ou de Fleur d'Orenge; meſlez-y de la poudre de Canelle battuë, & paſſée bien fine, pour embrunir voſtre couleur; & ramaſſez les reſtes de voſtre Iambon, oſtant le Vert, mettez le tout dans le Poeſlon, auec vn peu d'Eau que vous y verſerez auec vne cueilliere d'Argent peur d'en trop mettre: mais ſeulement pour deſcuire vn peu le Sucre: Vous mettrez le Poeſlon ſur vn petit Feu pour eſchauffer ces Conſerues & les incorporer enſemble en les meſlant auec la Gaſche, & en les tirant du Poeſlon qu'ils ſoient faciles à manier & former auec les mains, en rond comme des Saucillons ; pendant que le Sucre fera encores chaud vous les trancherez par Roefles, ou en long, & les drefferez fur des Affiettes ainfi que les Sauciffons naturels.

Vous pourrez encor immiter milles gentilleffes auec le Sucre & toutes ces couleurs, en en faifant des Paftes que vous mouflerez & façonnerez à loifir d'autant qu'elles n'entrent point fur le Feu.

Par exemple, pour contrefaire des Rubans d'Angleterre de plufieurs couleurs ; Vous prendrez du Sucre paffé bien delié au Tamis de Soye, & pour le rendre encor plus fin que celuy qui eft pilé au Mortier, c'eft qu'il le faut broyer à fec fur le Marbre ainfi que les Peintres font leurs couleurs; eftant paffé vous en mettrez fur vne Table bien nette, y meflerez vn peu de Gomme Agragant deftrêpée auec l'Eau de fleur d'Orenge ou de Roze, & ferez vne Pafte qui fe puiffe eftendre fous le Roufleau : Vous diuiferez cette Paste en autant de Morceaux que vous voudrez qu'il y ait de couleurs lesquelles vous meslerez auec voſtre Sucre chacune à part, & les eſtendrez auec le Rouſleau les plus minces & tenues que vous pourrez; Vous trancherez ces Paſtes par petites lanieres bien deliées que joindrez proprement & promptement les vnes aux autres, afin que l'humidité qui eſt dans le corps de la Paſte ſoude ces Lanieres, que diuerſifierez pour immiter les Rubans; en ſuitte dequoy, vous paſſerez legerement le Rouſleau par deſſus pour les mieux joindre, puis vous les fermerez en Nœuds ou Galans, mettant des cartes pliées en rond pour ſouſtenir les replis juſques à ce qu'ils ſoient ſecs, ce qui ſe fera en moins de deux heures.

Vous contreferez auſſi les Chiffres, & armes blaſonnées de qui vous voudrez, taillant cette Paſte auec le couſteau, ou auec des mouſles de Fer blanc

blanc qu'aurez fait faire exprés, &
imiterez toutes les sortes de Marque-
terie que voſtre eſprit vous ſuggerera.

Si vous voulez rendre ces figures
encore plus recreatiues; eſtant parfaitement ſeches vous les glacerez de
Sucre delié, deſtrempé auec Eau de
fleur d'Orenge, & les mettrez dans
le Four ; les retirerez & glacerez de
l'autre coſté, les mettant derechef au
Four pour en ſecher la Glace, par
ainſi on ne verra point la figure qui
ſera enfermée entre ces deux Glacis
à cauſe de la blancheur, ſi ce n'eſt en
l'expoſant au jour, & regardant à
trauers, alors on reconnoiſtra ce que
c'eſt, & on admirera voſtre induſtrie.

Auec cette meſme Paſte vous ferez
des Tablettes, & Muſcadins tels que
voudrez, y meſlant le Muſc, l'Ambre, la Canelle, le Girofle, la poudre d'Iris, & toute autre choſe
qui peut ſeruir à la recreation du
gouſt, ou à fortifier l'eſtomach; meſme auſſi des Purgatifs & Preſerua-

H h

tifs de toutes les sortes que la Medecine enseigne.

Pour seruir des Muscadins sur Table, l'on les met d'ordinaire dans de petites Tourtieres, ou Abaisses de la mesme Paste, (mais sans Musc pour euiter la despence :) Ces petites Abaisses se font auec des Moufles de fer blanc, qui seront de telle figure que vous voudrez, ou rondes, ou en Triangle, ou à Pans, ou en Estoille, bref selon vostre fantaisie ; dans lesquelles vous mettrez de vostre Paste qui aura esté estenduë auec le Rousleau, & auant que de la mettre poudrerez vostre Tourtiere de Sucre, crainte qu'elle ne s'y attache, vous rognerez auec le Cousteau le surplus de la Tourtiere, & laisserez secher ces Abaisses dans leurs Moufles enuiron deux heures, puis les tirerez & poserez en quelque lieu où elles puissent s'acheuer de bien secher.

Dans ces mesmes petites Abaisses quand elles seront bien seches, l'on y

FRANÇOIS. 363
dreſſera des Confitures liquides, pour en mettre de pluſieurs ſortes ſur vne meſme Aſſiette.

De cette meſme Paſte, vous ferez auſſi des Biſcuits, & Pains de Citron, y adjouſtant de la raſpure, qu'aurez fait parboüillir pour eſtre plus agreable ; & l'ayant meſlée auec voſtre Sucre & Gomme, tirerez & applaſtirez la Paſte ſous le Rouſleau, mettant deſſous & deſſus du Sucre en poudre (de crainte qu'elle ne s'attache à la Table ou au Rouſleau,) ſans la replier pourtant, afin qu'elle garde vne humidité dans le milieu qui la faſſe leuer quand vous la mettrez au Four ; ce ſera vn quart d'heure apres que vous l'aurez coupée en Biſcuits, ou petit Pains, à cauſe qu'elle ſe ſecheroit trop & ne leueroit pas : ſi vous ne voulez vſer de Gomme Agragant, vn peu de blanc d'œuf foëtté y ſeruira.

Vous en ferez de tous gouſts, & de toutes couleurs, le Tourneſol

H h ij

(quoy que fort peu agreable) suppleera au deffaut des Violettes, Bourraches, & autres couleurs semblables; Le jus de Citron luy change sa couleur.

On trempe dans ces couleurs des Cerises, des Framboises & des Gadelles, puis on les roule dedans du Sucre bien fin, leur en laissant prendre ce qu'elles peuuent, & les met-on secher deuant le Feu pour affermir le Sucre: Si vous meslez auec vos couleurs vn peu d'eau de blanc d'œuf ou de gomme, cela les rendra fermes par dessus comme Dragées.

Le FENOVIL VERT grainé en branche, & autres fleurs seront plongez dans le Sucre cuit en Conserue; puis poudrez de Sucre fin, on les mettra secher deuant le feu.

Au Fenoüil vert on y larde des Curedents comme on feroit des Gluaux à vne Pippée, cela se sert & pour Dragée & pour nettoyer la Bouche.

Les MASSEPANS se font d'Aman-

FRANÇOIS.

des douces, d'Auelines, de Piftaches, de Pignons, d'Amandes ameres, de Noyaux d'Abricots, & Pefches, mefmement de femences froides, fi vous y voulez faire la defpenfe, & ils fe trauaillent tous, d'vne mefme façon.

Pour le faire excellent il faut prendre vne liure d'Amandes que pelerez les mettant dans l'eau chaude, puis dans la fraifche à mefure que vous les defpoüillerez de leur peau, car cela les blanchit de beaucoup : Vous les retirerez de l'eau, les effuyerez ou fecherez dans vn linge, & les mettrez dans le Mortier de Marbre ou Pierre; les pilerez tant qu'on ne puiffe plus remarquer aucune partie de l'Amande pour petite qu'elle foit; & en les pilant vous les arrouzerez auec de bonne eau de Fleur d'Orenge, ou de Rofes bien rectifiée, & purgée de fon phlegme par diftillations, ou fimplement repofée de long-temps; car il s'y fait vne vaze au fonds de la bouteille, qui eſt le plus viſqueux & craſſe de toute l'eau-Roſe, & faudra paſſer ce que vous en aurez affaire à trauers vn linge, de crainte que ce phlegme ne ſe meſle ; ce que l'on y met des eaux de ſenteur, n'eſt pas tant pour l'odeur que pour empeſcher que les Amandes en les pilant ne rendent l'huile, car le Maſſepan ſeroit deſagreable : Vous y meſlerez vne liure de beau Sucre paſſé delié comme celuy des Muſcadins, & en ferez vn corps en conſiſtence de boüillie bien eſpoiſſe, vous paſſerez voſtre Paſte à trauers le Sas ou l'Eſtamine, afin que s'il y auoit quelques morceaux d'Amandes qui ne fuſſent pas aſſez pilez on les rebroyaſt, & que l'on ne trouue rien de deſagreable dans le Maſſepan : Vous mettrez cette Paſte dans le Poeſlon, & la cuirez à petit Feu comme les Paſtes de Fruicts ſecs (c'eſt à dire juſques à ce que la Paſte quitte le poeſlon,) en retournant toûjours de peur qu'elle ne bruſle;

vous en gousterez si elle tient de la Cuisson auant que de la tirer du Feu, puis estant cuite la verserez dans quelque vaisselle de Fayance qu'aurez poudrée de Sucre, afin que le Massepan ne s'y attache point ; & estant presque reffroidie vous la mettrez sur vostre Table, & la manierez & tirerez sous le Rousleau, comme de la Paste, la façonnerez en grandes Tartes rondes, ou bien en petites que vous arrondirez les coupant auec le haut du Calice d'vn Verre à boire, l'appuyant sur la Paste qui sera de l'espoisseur que voudrez que soient vos Tartes : Vous en ferez de quarrées, en l'Ozenge, en Cœur, en Triangle & de toute autre figure que vous voudrez, les pinçant par les bords pour y faire le petit Dentelage qui s'y prattique ordinairement ; estant façonnées, vous les mettrez cuire dans le Four moyennement chaud, pour leur donner vne petite couleur rousse par les bords & extremitez ;

puis les retirerez, les laisserez refroidir, & les glacerez auec le Sucre fin & Eau de Rose, ou Fleur d'Orenge, il faut que cette Glace soit espoisse, comme du Miel blanc, & que l'on l'estende auec le Cousteau, apres quoy vous remettrez vos Tartes au Four pour cuire cette Glace, & quand elle aura bouffy, vous les retirerez, les laisserez refroidir, & serrerez en lieu sec.

Aux grandes Tartes, apres que vous leur aurez donné couleur, vous les glacerez; & piquerez dessus des Pistaches, des Escorces de Citron, de l'Orengeat, ou du Canelas en Dragées; puis vous les remettrez au Four pour secher la Glace, & les retirerez quand elle aura bouffy.

Si vous voulez les embellir, & enrichir dans le milieu de quelque petit rocher de Confitures diuerses, vous y en mettrez de telle sorte que vous voudrez, puis que vous auez la methode de les mettre en Conserue.

Vous ferez aussi auec vostre Mas-

FRANÇOIS. 369

sepan de longs Triangles, pour de trois en dresser vne Piramide sur vn Plat, que vous accompagnerez de petites Tartes tout autour, ou de Massepan filé, dont je vous vais enseigner cy-apres la maniere de le faire, & adjusterez le tout selon que vous inuenterez par vostre caprice.

Le Massepan de Pistaches qui se fera comme celuy d'Amandes douces, vous le pourrez desguiser en fonds d'Artichaux, en Asperges, mettant vn peu de blanc au gros bout, pour mieux tromper, en Pois sans cosses, & autres choses semblables ayant des Moufles de Bois, ou de Plomb, qui en facent la figure ; bref vous vous diuertirez dans ces gentillesses, autant que vostre curiosité vous y portera, & la despence que vous voudrez faire y pourra fournir.

Auec du Massepan d'Auelines, vous pourrez faire des petits boutons, que cuirez au Four leur faisant prendre vn peu de couleur pour contrefaire les Auelines, & les feruirez dans vn Plat comme en Carefme on fert les Naturelles.

Si vous ne voulez mettre tout voftre Maffepan en Tartes, vous le prendrez auec la Gafche dans le Poeflon tout fortant du Feu, & auec le Coufteau en drefferez des Maccarons comme ceux de Conferue, que mettrez au Four pour prendre couleur.

Les Paticiers dans leur Maffepan, & Maccarons, y meslent vn peu de Fleur de Farine de pur froment bien fine, & de l'Eau de blanc d'œuf dans la Glace, c'est ce qui les rend pafles: Pour prendre de cette Eau, il faut foëtter des blancs d'œufs & les laiffer repofer, fous la mouffe il fe trouuera de l'Eau auec laquelle vous deftremperez voftre Maffepan & voftre Glace.

Pour faire le Maffepan filé, il faut auoir vne petite palette de bois ou vn rond de Boefte, qui aura des petits cordons pour l'attacher à la main, & rouller dessous de la Paste de Massepan, en poudrant souuent vostre Table, de crainte qu'il ne s'y attache ; il se tirera long & égal en grosseur, duquel vous ferez des Lacqs d'Amour, des Tortis, des Chappeaux, des Bastons-rompus, des Chiffres, & autres figures telles que vous voudrez : vous les mettrez au Four pour prendre couleur, & les serrerez pour enjoliuer, & adjuster vos autres Massepans.

De vostre mesme Paste de Massepan, vous en pourrez faire des Tourtieres, ou Abaisses grandes & petites, qu'emplirez de Confitures au lieu de celles que j'ay dites cy-deuant.

On tire aussi des Massepans en bande, c'est à dire que l'on en fait des Compartimens, & Armoiries, lesquels on remplit de Confitures liquides de la couleur des Blazons ; comme pour representer l'Or, on mettra des Abricots, ou de la Marmelade d'Abricots & Pomme; le Synople, du Verjus, des Amandes, & des Abricots verts ; Gueusle, des Cerises, Framboises, & Groseilles rouges; ainsi des autres, approchant le plus que faire se pourra de ce que l'on veut imiter.

Si vous n'auez vn Four de Maçonnerie chez vous, l'on en fait de Cuiure rouge, dont vous pourrez vous seruir auec plus de commodité que des ordinaires, en posant doucement sur des Papiers vos Maßepans & Glacis, & mettant du Feu de Charbon deßus & deßous ; cela satisfera à vos intentions ; il sera de besoin d'y regarder souuent afin de ne donner plus de Cuißon à vos Maßepans, Pains de Citron, & Glacis, que ce que vous voudrez qu'ils en prennent.

CONCLV-

CONCLVSION.

ET bien, mon CHER LECTEVR, en faisant voſtre promenade dans noſtre Iardin, y auez vous trouué quelque choſe qui vous agrée ? Si vous auez beſoin de nos Graines, je vous en fourniray de toutes celles dont vous auez veü les Plantes ; & je faits venir d'Italie les autres que nous n'auons pas ſi naturelles en France: Pour les Arbres je ne me vante pas d'en auoir de toutes les ſortes qui ſont dans noſtre Catalogue, mais je me contente de ceux qui rapportent les plus beaux Fruicts, les plus Gros, les plus Sauoureux, & deſquels le Fruit eſt le plus de vente ; ſi vous en voulez, j'ay vne tres-belle & tres-ample Baſtardiere, où nous en choiſirons de ceux qui ſont de plus belle venuë, & en fidelité : Donnez vn Memoire à noſtre Imprimeur, de voſtre logis, & de ce que vous deſirez, je ne manqueray de vous le faire tenir ; & s'il y a quelque choſe dans noſtre dernier Traité que vous ne puiſſiez cõprédre pour ne l'auoir jamais veu pratiquer; je ſuis obligé tous les ans de me rendre à Paris les mois d'Avril, May, & Iuin, je ne manqueray de vous aller voir & vous feray faire tout ce que de vous-meſme vous n'aurez peu venir à bout.

Extraict du Priuilege du Roy.

LOVIS par la grace de Dieu Roy de France & de Nauarre : A nos amez, &c. Salut. Noſtre cher & bien amé R. D. C. D. VV. B. D. N. Nous a fait remonſtrer que depuis pluſieurs années, il s'eſt diuerty à la Campagne à cultiuer les Iardins, dreſſer des Eſpaliers & Contre-Eſpaliers, s'eſtant acquis la vraye connoiſſance de les conduire pour porter abondance de Fruicts, & auſſi a gouuerner les plantes baſſes & Pottageres, auec la maniere de côſeruer les Fruicts tant cruds que ſechez & Confits, dont il a compoſé vn Liure intitulé : LE IARDINIER FRANÇOIS, qu'il à creu eſtre neceſſaire au public & deſireroit ſoubs noſtre bon plaiſir le faire imprimer par tel Libraire & Imprimeur qu'il voudra choiſir ; mais craignant que ſur les premiers exemplaires aucuns le vouluſſent imprimer ſans ſon conſentement, & luy faire perdre les frais qu'il auroit faits à ce ſujet, il nous a requis nos lettres à ce neceſſaires. A CES CAVSES, deſirant bien & fauorablement traitter ledit expoſant & qu'il ne ſoit fruſtré de ſon trauail, luy auons permis & octroyé, permettons & octroyons par ces preſentes de faire imprimer par tel Libraire & Imprimeur que bon luy ſemblera, le Liure par luy fait & intitulé, LE IARDINIER FRANÇOIS, pour le vendre & diſtribuer durant le temps de dix ans, à commencer du iour que ledit Liure sera acheué d'imprimer. Defendons à tous Libraires ou Imprimeurs & autres personnes de quelle qualité & condition qu'ils soient, d'imprimer ou faire imprimer, vendre ou distribuer par toutes les terres & seigneuries de nostre obeïssance, ledit Liure ou partie d'iceluy durant ledit temps, sans le consentement expres dudit exposant, ou de ceux qui auront charge de luy, sur peine de confiscation des exēplaires, trois mil liures d'amende, dont la tierce partie à nous, vn tiers aux Pauures Enfermez, & l'autre tiers à l'Exposant, & de tous despens, dommages & interests enuers luy: & outre à la charge de mettre trois exēplaires, sçauoir deux en nostre Biblioteque, & le troisiéme en celle du sieur Seguier, &c. Si vous mandons que de tout le contenu en ces presentes, &c. Voulant qu'en mettant au commencement ou à la fin du Liure autant des presentes ou extraict d'icelles, elles soient comme deuëment signifiées : CAR tel est nostre plaisir. DONNE' à Paris le 12. iour de Iuin, l'an de grace 1651. & de nostre regne le neufiéme. Signé, Par le Roy en son Conseil, BARAVLD. Et scellé.

Acheué d'imprimer le premier iour de
Iuillet 1651.
Les exemplaires ont esté fournis.

www.ingramcontent.com/pod-product-compliance
Lightning Source LLC
Chambersburg PA
CBHW050427170426
43201CB00008B/579